让您认识一个不一样的真实孔子 带您走进孔门快乐的学习殿堂

孔子是个好老师

钟国兴　陈有勇　著

中央编译出版社

图书在版编目(CIP)数据

孔子是个好老师 / 钟国兴，陈有勇著.
—北京：中央编译出版社，2016.6
（超悦读丛书）
ISBN 978-7-5117-2971-2

Ⅰ.①孔… Ⅱ.①钟… ②陈… Ⅲ.①孔丘（前551～前479）－生平事迹－通俗读物 Ⅳ.① B222.2-49

中国版本图书馆 CIP 数据核字 (2016) 第 049852 号

孔子是个好老师

出 版 人：葛海彦
出版统筹：董　巍
责任编辑：邓永标
责任印制：尹　珺
出版发行：中央编译出版社
地　　址：北京西城区车公庄大街乙5号鸿儒大厦B座(100044)
电　　话：(010) 52612345（总编室）　　(010) 52612371（编辑室）
　　　　　(010) 52612316（发行部）　　(010) 52612317（网络销售）
　　　　　(010) 52612346（馆配部）　　(010) 55626985（读者服务部）
传　　真：(010) 66515838
经　　销：全国新华书店
印　　刷：北京紫瑞利印刷有限公司
开　　本：710毫米×1000毫米　1/16
字　　数：310千字
印　　张：15.5
版　　次：2016年6月第1版第1次印刷
定　　价：42.00元

网　　址：www.cctphome.com　　邮　箱：cctp@cctphome.com
新浪微博：@中央编译出版社　　微　信：中央编译出版社（ID：cctphome）
淘宝店铺：中央编译出版社直销店(http://shop108367160.taobao.com) (010)52612349

本社常年法律顾问：北京嘉润律师事务所律师　李敬伟　问小牛
凡有印装质量问题，本社负责调换，电话：010-55626985

序 言

让孔子这个可敬可爱的老师复活

  我们现在讲学习型组织，其实2000多年前孔子搞的民办学校，许多做法和学习型组织的理念很接近。如果读者不相信，我可以举几个例子：

  围绕问题的学习。整个一部《论语》，大部分不是孔子问别人问题，就是别人问孔子问题。孔子强调学习要会思考问题："学而不思则罔，思而不学则殆。"带着问题学，从而让学习变得更高效。孔子鼓励学生向他提问题，林放向孔子问礼的根本是什么，孔子称赞是"大哉问"；樊迟向孔子问崇德、修慝、辨惑，孔子称赞是"善哉问"。学生问问题问得好，孔子马上给予表扬。孔子也经常向他人请教问题，向他人学习。孔子的学问很大，孔子的老师也很多，有老子、郯子、苌弘、师襄等。只要有人在某一方面比孔子强，孔子都虚心请教。孔子甚至也向学生学，孔子有一次跟子夏讨论完问题，就说子夏启发了他。每个人的精力是有限的，不可能对每一个问题的思考都那么深入和全面，因此要"不耻下问"。

 孔子是个好老师

研讨式学习。孔子的教学不是灌输式的,而是研讨式的。何以见得?因为整部《论语》之中,没有孔子长篇大论的说教,而基本是和学生或者官员、学者的对话,是讨论问题。《论语·雍也》里记载,孔子去见了卫灵公的老婆南子,因为南子有"生活作风"问题。学生子路怀疑孔子的动机,看到会面回来的孔子就一脸不高兴,最后孔子只得赌咒发誓。可见孔子这个老师是没有架子的,什么都和学生讨论。孔子经常和学生一起讨论问题,还经常把学生们聚在一起闲聊,问学生各自的志向是什么,还会做出相应的评价。而孔子的学生往往也会问孔子很多问题,也会问孔子的志向。值得注意的是,参加孔子研讨会的经常还有社会各界人士,他搞的研讨常常是"跨界"的。

"教练"式的老师。孔子喜欢善于思考问题的学生,也喜欢启发式教学,他的教学方法是"不愤不启,不悱不发,举一隅不以三隅反,则不复也"。(《论语·述而》)就是说,不到学生心里很想弄明白又弄不明白时,孔子就不去开导他;不到学生想说而说不出时,孔子就不去启发他;给学生讲出一个道理,他不能推导出类似的三个道理,孔子就不再重复教导他。孔子对学生的教育不是灌输而是点化,而且很注重点化的火候和技巧,这有点像后来唐宋时代的禅宗老和尚的教学方式。孔子还教导学生:知之者不如好之者,好之者不如乐之者。(《论语·雍也》)意思是,在学习上,知道怎么学习的人,不如爱好学习的人;爱好学习的人,又不如以学习为乐的人。孔子的目标是把学生培养成以学习为乐的人,所以孔子的教学是充满乐趣的。

"共享"式教学。《论语》中的许多对话是在教学场所,孔子总是当众引导学生把自己的问题和感悟讲出来,让大家实现知识共享。因为学生很多,孔子不可能一个一个地教,看来他也不喜欢用一个教室给所有的学生一起上课。那么孔子是怎么教学的呢?他一般情况下教学方式有两种:一是针对一些问题重点教授和引导讨论,二是让学生之间开展讨论。比如,《论语·颜渊》里记载:樊迟向孔子问问题,孔

序言　让孔子这个可敬可爱的老师复活

子给予了回答，但是樊迟还有迷惑。樊迟因为对于老师的解释不太懂，就去问子夏同学。子夏同学就用举例子的方法，让樊迟理解了老师的话。孔子的很多思想也正是在与学生们一起讨论问题而呈现出来，孔子和他的学生们在这种共享式的教学中，不仅收获了知识，更收获了深厚的师生情，同学之间也收获了同窗情。

活泼的教学方式。孔子多才多艺，擅长弹琴、唱歌，而且由于出身武将世家，又善于驾车、射箭等等。在陈国和蔡国边境上，孔子的游学团队被军队包围了，三天吃不上饭，孔子不但照常给学生上课，而且为鼓舞学生的士气，还给他们唱歌。今天的人们可能以为孔子这个大圣人，当时在学生跟前一定是很"装"的，其实并非如此，他们师生相处很平等、很自然，《论语》里多处对话，都诙谐有趣。《论语·阳货》记载：有一次，孔子来到他学生子游当主管领导的武城这个地方，听到琴、瑟的音乐和歌唱《诗》的声音，孔子就开玩笑说："割鸡焉用牛刀？"子游疑惑地说："老师您不是主张用礼乐教化民风吗？"孔子马上说自己刚才是在开玩笑，子游说得对。其实，孔子看到自己学生在一个小地方这样当领导，可能真是觉得小题大做或者说搞形式主义了，就开了个玩笑。但是对礼乐的小题大做总比不做好，所以孔子并没有真的否定这种做法。孔子调侃子游的这个经典片段总是让人百读不厌，我们一方面可以看到学生对老师学问的信奉，另一方面可以看出孔子的可爱与可敬。

个性化教育。孔子的学生很多，各种出身、各种职业都有，有的在学习期间还在兼职做事。读过《论语》的人可能对孔子的这三个学生印象深刻，一个是率直威猛的子路，一个是温和、好学的穷学生颜回，一个是富有、通达而又风趣的子贡。孔子的学生大多都来自鲁国，因为孔子是鲁国人，在鲁国教育学生的时间也最长。孔子后来周游列国，每到一处，孔子主动拜访著名学者，请教学习；很多当地人慕名求学于孔子，成为孔门的学生，即所谓"三千弟子"。所以书中说孔门

简直就是一个"联合国"学校。对于这么多学生,孔子对他们的个性和优缺点了若指掌,而且教学、谈话的方法很有针对性。最后许多学生成为了不同领域的特殊的领军人才,也就是所谓的"七十二贤人"。

带学生游学。孔子一生主要在办民办学校,而且后半生基本是带学生到处周游,边游边学,一边还兼着给各个小国领导人搞咨询——他们一般向孔门咨询国家治理、怪异事件和社会礼仪。孔子每到一个诸侯国,国君大多会隆重接见他,给他安排讲课的场所。很多时候,孔子及其弟子由于交通不便,是行走在山水间的,这些时候孔子往往也是随时讲课和讨论,估计树荫下、山坳里都是当时的教室。所以,我们在《论语》《孔子家语》中可以看到很多孔子在山水间跟学生讨论问题的场景。

上面讲的孔子教学的特点,每一个方面都是和今天的学习型组织理念是一致的:围绕问题学习、研讨式学习、共享式学习、跨界研讨、"教练"式教育、个性化教育、活泼的教学方式、游学等等。

学习型组织是信息化时代的理念,是这个时代为应对信息化、全球化和高新技术所带来的问题而提出的。今天信息化条件下的学习方式和过去是有很多不同的,我们在这里并不是说孔子已经搞了今天的学习型组织,而是说好的教育模式、学习模式是相通的,我们今天一定要知道孔子这个好老师那里,有许多值得我们借鉴的东西。

上面实际上是我在清华大学的一次演讲的内容。那是 2014 年春天,我的老朋友彼得·圣吉(学习型组织理论之父,被美国商业周刊评为世界有史以来十大管理大师之一)出席清华大学的一个活动,我应邀参加。演讲之后,彼得·圣吉和研究学习型组织的人表示了很大的兴趣,有朋友希望我把这些观点写出来。

其实这本书已经酝酿数年。说实在的,我最初的起心动念是由于阅读钟道然《我不原谅》一书的书稿引发的。他在批判中国今天教育的时候,书中提到古代孔子、鬼谷子等人的教育,并称他们为"孔老

序言 让孔子这个可敬可爱的老师复活

师""鬼老师",讲到中国文科考试的标准答案最早来自朱元璋——要求以朱熹对四书五经的解读为科举考试的标准。此书所用"孔老师"的称呼,既有90后对神圣的解构与反叛,也有对孔子这位老师的亲近与赞赏。也许这正是我们对孔子应有的态度。其实孔夫子的"夫子"二字,在古代就有老师的意思,古代人本来就是叫他"孔老师"的。钟道然对教育问题的反思和批判引起了我对教育问题的关注和思考。本书在写作内容和写作风格上,都受到《我不原谅》一书的影响。

我们之所以写这本书,就是想让今天的老师们读一读,与中国2000多年前的教育对比一下,看一看孔老师有多么可亲可爱,中国古代的教育多么生动活泼,以期在对中国文化传统的片面看法上打开一个突破口。

说到这一点,我还想提一下中国古代的和尚们,他们简直就是孔子的教学方法的优秀继承者,而且有许多更好的更精彩的发挥。这样说可能有人不信:和尚不都是耷拉着眼皮、面无表情的苦行僧吗?错了,唐宋时代的和尚并非如此,至少禅宗的和尚并非如此。如果不信,你就看一下禅宗的公案。什么是公案?就是通用的教学案例。实际上通用教学案例并不是今天的哈佛大学才有的,中国古代和尚那里早就有了。这些案例大体有三类:第一类是老和尚和小和尚之间讨论问题的对话;第二类是用来启发小和尚开悟的故事;第三类既是对话又有故事。读一读这些对话和故事,好多让你忍俊不禁:和尚的教学真有趣!

就连和尚的教学都是生动活泼的,那么中国这么好的教育怎么后来就变成了死气沉沉的灌输式的了呢?这是因为历史上一次次政治事件(相当于政治运动),使教育的自由空间变得越来越小,直到明朝朱元璋那里,中国教育被彻底"搞死"了。

朱元璋这个皇帝,对社会采取无所不用其极的控制手段,律法森

 孔子是个好老师

严(如规定人必须穿什么衣服、什么发型),安排的特务和告密者遍地,而且他还要把人的思想彻底管住。他挖空心思地寻找一种可以利用来控制臣民思想的理论,最后确定为提倡"饿死事小,失节事大"的朱熹的学说。他规定对于四书五经的解释,必须以经过删节的朱熹版本为准,考试文章必须写八股格式。而且他下旨把国子监给老师贴大字报的一个学生杀头,并且把人头挂在当时的国子监(专门培养高级知识分子和官员的机构,相当于今天的北京大学加国家行政学院)大门口的旗杆上,长达160多年。之后,朱元璋还进一步制定法律,规定学生必须听老师灌输,学生如果"诽谤为师者,凌迟处死",甚至规定学生不能议论食堂饭菜质量问题,不能在校园里随便溜达。于是,孔子留给中国教育的活生生的气息彻底没有了。后来清朝大体上继承了这些窒息教育的规矩,并且长期延续下来。

对于孔子这个好老师来说,最为可悲的是,中国的教育的每一次严重扭曲,都是和抬高他的"圣人"地位同时进行的。以致中国人在痛斥中国教育压制人性的时候,首先被诅咒的就是孔子,认为他是始作俑者,罪责难逃。那么我们要问一句:他何时何地主张过哪怕一点点这种没人性的灌输式教育呢?

孔老师何其冤!他头顶上的"圣人"之名,在很大程度上简直是为人栽赃的罪名;他被高高地抬起来,其实是在为和他的教育主张完全相反的朱元璋、朱熹这些人来承担世人的骂名。如果孔子地下有知,我相信他会落泪的,为自己,更为后来直至今天灌输体制下中国的学生们。

了解孔子吧!其实我们在许多方面都曲解了他。例如他讲的"唯上知与下愚不移"(《论语·阳货》),说的并不是上层社会人的智慧和底层老百姓的愚蠢是不可改变的。而是说,一般的人可以改变,但最智慧的人和最愚蠢的人是难以互相转变的。再如"民可使由之,不可使知之"(《论语·泰伯》),长期以来,被理解成老百姓只能被驱使,

序言 让孔子这个可敬可爱的老师复活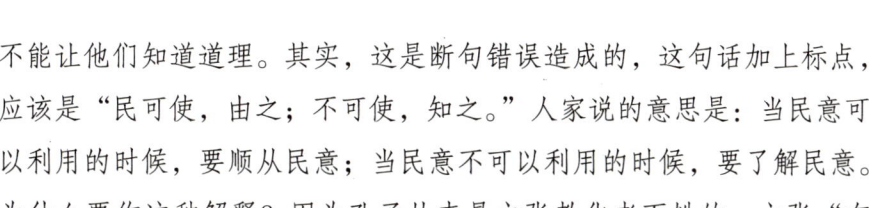

不能让他们知道道理。其实，这是断句错误造成的，这句话加上标点，应该是"民可使，由之；不可使，知之。"人家说的意思是：当民意可以利用的时候，要顺从民意；当民意不可以利用的时候，要了解民意。为什么要作这种解释？因为孔子从来是主张教化老百姓的，主张"有教无类"的，怎么会说前一种话呢？孔子这样被误解的地方太多了。

技术性的误读只是小误解，政治性的扭曲则是面目全非。尤其是五四运动之后直至文革的批判，由于今天的人对于经典基本不了解，就更加断章取义，想当然地把本来和孔子无关的东西加在孔子身上了。朱元璋、朱熹等"灭人欲"的、与人性为敌的主张没有受到足够的、应有的批判，相反充满人性与人情味儿的、主张个性化教育、进行研讨式教学的孔子，却被当作无人性教育的代表来被"打翻在地"，真是极其荒唐的颠倒。这种建立在无知基础上的批判，其实是在对文化的扭曲甚至犯罪。想到这些，不禁为我们的民族而感到悲哀。

了解孔子吧！别把他当圣人，要把他还原成为一个老师，从而会看到一个可敬可爱的真正好老师。对比我们今天教育的种种令人不堪的问题，太需要这样的好老师复活了！

孔子复活，才有中华文化的复兴。

钟国兴

2016年2月

目 录

序言　让孔子这个可敬可爱的老师复活　　1

一、孔子开创了最早的民办学校　　001
1. 一条鲤鱼成就的逆袭　　001
2. 圣人长得有点儿丑　　005
3. 才艺达人来了　　007
4. 开创最早的民办学校　　010
5. 孔夫子做了哪些学问　　012

二、孔门是个江湖　　015
1. 三教九流汇孔门　　015
2. 夫子降服野汉子子路　　018
3. 快乐的学霸——颜回　　021
4. 孔门第一"高富帅"——子贡　　024
5. 其实都是老师的粉丝　　026

三、与学习恋爱一生　　030
1. 学习是一件快乐的事　　030
2. 孔子与老子之间不得不说的故事　　032

   3. 夫子还有几个好老师　　　　**036**
   4. 孔子也向弟子学　　　　　　**038**
   5. 终身学习的生存方式　　　　**041**

四、夫子的表扬、批评与调侃　　**044**
   1. 表扬学生有分寸　　　　　　**044**
   2. 批评学生看言行　　　　　　**048**
   3. 调侃学生有艺术　　　　　　**051**
   4. 其实都是好学生　　　　　　**054**

五、孔门教人做君子　　　　　　**058**
   1. 学做君子儒　　　　　　　　**058**
   2. 孔子教什么　　　　　　　　**062**
   3. 孔子为什么避谈鬼神　　　　**064**
   4. 孔门的一贯之道　　　　　　**068**
   5. 中庸之德　　　　　　　　　**071**
   6. 中庸之中有忠直之气　　　　**073**

六、做个君子不容易　　　　　　**076**
   1. 君子是个啥样子　　　　　　**076**
   2. 君子的"三达德"　　　　　　**080**
   3. 不给自己犯错误的机会　　　**084**
   4. 孝顺不是一件简单事　　　　**088**
   5. 君子的理想丰满而骨感　　　**091**

目录

七、交益友，远小人　　095
1. 练就一双识人的火眼金睛　　095
2. 远离"老好人"　　099
3. 话该怎么说　　102
4. 与君子交朋友　　104

八、向孔子学当官　　108
1. 当官要有点儿想法　　108
2. 有权不能任性　　113
3. 民风教化是件大事　　116
4. 学会尊重与协作　　120
5. 什么叫政治把握能力和政治敏锐性　　122

九、孔门是个"学习型组织"　　127
1. 带着问题学　　129
2. "裸面学习"的研讨会　　132
3. 因材施教的师生互动　　134
4. 反思很重要　　137
5. 相互学习的孔门弟子　　139

十、带领学生去游学　　142
1. 好德如好色的绯闻　　142
2. 孔子也被难倒　　148
3. 在山水之间的教学　　150
4. "君子固穷"的大讨论　　152

　　5. 归去来兮成伟业　　155

十一、孔门是中国最早的"兰德公司"　　158
  1. 兜售治国理念的孔门智库　　158
  2. 周游列国的孔门咨询服务　　161
  3. 接受咨询讲原则　　163
  4. 继往开来的咨询智库　　166
  5. 向孔门学习发展咨询智库　　168

十二、继承真实的孔老师　　170
  1. 时间是把杀猪刀　　170
  2. 孔子的泪为谁而流　　173
  3. 夫子不再梦见周公　　176
  4. 曾参和子夏的两条继承路线　　178
  5. 真假孔夫子　　180

十三、孔子给我们的当代启示　　185
  1. 教育的目的是唤醒　　185
  2. 成长比成功更重要　　188
  3. 做一个有担当的君子　　189
  4. 做学问要有点儿终极关怀　　191
  5. 做一个全面发展的人才　　193

附录 《论语》全文　　197
后记　　233

一、孔子开创了最早的民办学校

一、孔子开创了最早的民办学校

1. 一条鲤鱼成就的逆袭

> 孔子三岁而叔梁纥卒,葬于防。至十九,娶于宋之亓官氏,一岁而生伯鱼。鱼之生也,鲁昭公以鲤鱼赐孔子。荣君之贶,故因以名曰鲤,而字伯鱼。(《孔子家语·本性解》)

孔子三岁时,他的老爹叔梁纥就死了,埋在一个叫防山的地方。孔子到了19岁那年,取了宋国一位姓亓(音其)官的姑娘做老婆。看来两人的爱情很成功,一年后就生下儿子伯鱼。为什么孩子叫伯鱼呢?因为伯鱼出生时,当时鲁国当政的国君鲁昭公送来一条鲤鱼表示祝贺。孔子感到倍儿有面子,就给儿子取名为鲤,字伯鱼,这名字合起来就叫鲤鱼。后来中国人喜欢把孩子叫"狗蛋"之类的小名,不知是否和孔子给儿子取名有关。

我们现在把孔子尊为圣人,但这圣人可不是容易当的。孔子的祖上也曾是牛气的显贵,孔子的六代祖先叫孔父嘉,是宋国的一位大夫,做过大司马,在今天就是常委级别管军队的大官。可惜他命不好,在一次宫廷内乱中被杀了。他儿子木金父为了避难逃到鲁国的陬(音邹)邑这个地方。就这样,孔子家族在陬邑定居了,就变成了鲁国人。

孔子的老爹叫叔梁纥(音何),妈妈叫颜征在。孔家一直有习武艺带部队的传统,叔梁纥是当时鲁国有名的武将,建立过两次大的战功,是一个猛

鲤鱼成就的逆袭

一、孔子开创了最早的民办学校

男型的人物。英雄爱美女,叔梁纥先娶了姓施的漂亮姑娘做老婆。这个老婆生育能力很强,一连生了九个女儿,可就是没能生出一个儿子。为了生儿子,这老头就又娶了一个妾,努把力还真生了一个儿子,取名伯尼,又叫孟皮。好歹有了个儿子,可是这个孟皮算不上帅哥,脚还有毛病,可能是小儿麻痹症。没办法,老头儿为了要一个健康的儿子,又四处找老婆。这老头费尽辛苦,找到了一个叫颜征在的小姑娘。当时叔梁纥已 66 岁,颜征在还不到 20 岁。这小姑娘还真行,第二年就生了个儿子,这就是后来名满天下的孔子。看来早在 2000 多年前,爷孙恋就创造出了奇迹。当时的爷孙恋和现在不同,人家是为了家族后代,这在当时可是必须完成的重要任务。完成了这项历史性的任务,三年后这老头儿抛下老婆孩子就死了。孔子也真是可怜,三岁时就死了老爸。更可怜的是,在孔子 17 岁时,年仅 37 岁的老妈也离他而去了。

老妈去世后,还没成年的孔子做了一件很雷人的事。他把老妈的遗体放在一个十字路口,见人就问:"你知道当年我老爹埋在哪了吗?我必须让我老妈和老爹埋在一块!"人们很惊讶这孩子孝敬与执着。其实孔子这样做是很智慧的,他有个一箭双雕的目的:因为老爹是武士,找到老爹的墓地之后,可以把老妈与老爹合葬起来,是为了成全父母的爱情;另一方面,确认了战斗英雄老爹的墓地,也就确立自己士人后代的地位,也就是明确一个低级贵族的身份。这是一个很好的策划案。

"士"其实是最低级别的贵族,但再低毕竟也是贵族啊,毕竟是有一个重要的特权——做官的权利。孔子这样雷人的干法还真有效果,他的行为感动了一位老太太,这位老太太的儿子曾参加当年孔子老爹的安葬工作。在这位好心老太太的指点下,孔子终于找到老爹的墓地,顺利地把老妈与老爹合葬了。或许大家会问,孔子怎么会连他老爹的坟墓在哪儿都不知道呢?原因其实很简单,三岁的孩子怎么记得老爹埋葬在哪儿呢?何况,那个时候的坟墓是"不树不封",既不像现在这样隆起一个土堆,也不像现在这样树石碑。春秋时期,人们不墓祭,不去墓地磕头上香,而是在家里摆个牌位来祭拜。也

就是说，那个时候没有坟，也没有标志，还不上坟祭奠，所以找到自己老爹当年的坟墓实在不容易啊！

就在这一年，在孔子服丧期间，鲁国的执政大臣（相当于现在的总理）季平子发布通告，邀请全国所有的士（也就是有身份有地位的人）来季氏家吃饭。这可不是一个简单的饭局啊，这既是季氏笼络人心的方式，也是士人们谋官的重要机会。《史记·孔子世家》里记载：

孔子要经，季氏飨士，孔子与往。阳虎绌曰："季氏飨士，非敢飨子也。"孔子由是退。（《史记·孔子世家》）

孔子知道这个机会必须抓住，于是腰间还缠着丧服麻绳就去参加季氏设宴款待士的宴会。没想到，走到门口被季氏的家臣阳货（阳虎又称阳货，本文统一用阳货）拦住了。阳货是个势利小人，这个家伙我们在后文还会提到。阳货看着孔子阴阳怪气地说："季氏设宴款待的是士人，但没敢请你啊。"被人家当作是蹭饭的，孔子吃了闭门羹，很丢面子，只好灰头土脸地离开了。

孔子是士人的后代，也是士。可是，当孔子穿着孝服来季氏家吃饭时，却被季氏的管家阳货挡在门外。孔子没吃上这顿饭在当时可不只是丢面子，更重要的是这意味着他的士人身份没有被认可，意味着他找老爹的策划没有达到最终效果。

其实，孔子受人歧视这事也容易理解。这是由于孔子家族多少年来基本上一直在走下坡路。当时一般是贵族的大老婆生的大儿子才更有身份的继承

一、孔子开创了最早的民办学校

权,孔子是他爹的小老婆生的,且出生不久他老爹就死了。另外一个原因,可能是孔子长得应该说比较丑(怎么个丑法,后文马上有交代),不但算不上高富帅,而且一些人一看他的长相就不喜欢他。我们现在嘲讽一个长得丑的人也会说:长得丑不是你的错,可是出来吓人就不对了。孔子当时应该是有点儿吓人。

但是,被人瞧不起的孔子自有他的好运,很快就实现了逆袭。他19岁时就找到了老婆,第二年就生了个娃。接下来就出现了本书开头讲的场景,作为当时鲁国最高领导人的鲁昭公居然让人送来了一条鲤鱼,给足了年轻孔子的面子。孔子当然是个聪明人,立即抓住机会进行了一个宣传策划:把自己的儿子取名为孔鲤,字伯鱼。"伯"是老大的意思,其实孔子就叫他儿子为大鲤鱼。这其实也是向鲁昭公表示对他送鱼的重视和纪念,反过来也给足了鲁昭公面子。他孔子为什么如此看重鲁昭公送来的鲤鱼呢?因为这条鲤鱼代表的不仅仅是一件小礼物,更代表着统治阶层对孔子贵族身份的认可。联想到17岁时去参加季氏家的聚餐被赶出来的场景,现在大翻盘获得国君的认可,这的确是一件值得庆贺的事。当然,孔子能得到国君认可,主要因为孔子好学博学的名声已经传开了,成为了社会上知名的学界新秀代表。可见,孔子年轻时候就已经是个受国家领导人重视的文化牛人了。这是一个励志的逆袭案例,而那条鲤鱼就是这场逆袭成功的标志。

2. 圣人长得有点儿丑

> 子温而厉,威而不猛,恭而安。(《论语·述而》)

《论语·述而》中说孔子是温和中透着严厉,威武而不显得粗猛,恭敬且祥和。温和厉是相反的,那么温而厉是什么意思呢?这里说的应该是孔子该温和的时候是很温和的,该严厉的时候也是很严厉的。其实这只是《论语》里学生对老师的感性描述,带着很多感情色彩,算不上多客观。

 孔子是个好老师

那么,孔子到底长得怎么样呢?不好意思,圣人长得其实有点儿丑。

孔子长得丑可不是随便造谣,司马迁和荀子这俩很较真的重要人物都说过。这俩人不但跟孔子没仇,而且对孔子佩服得是五体投地,应该不会有故意丑化孔子的嫌疑,所以他们说的大体是实情。我们先来看看司马迁的说法:

生而首上圩顶,故因名曰丘云。(《史记·孔子世家》)

这句话的意思是说,孔子生下时,头顶呈中间低而四周高的形状,就像一个倒过来的小山丘。孔子的头顶和一般人大不一样,一般人是中间高而四周低,孔子是中间低四周高,有点儿像碗的感觉。这种长相太另类,很难让人接受。孔子的名字叫做丘,一方面因为这一点,另一方面由于是他爹和他妈在尼丘山祷告求子之后生的。所以,孔子姓孔名丘,字仲尼。

其实,更吓人的是孔子的身高。《史记·孔子世家》中还讲:

孔子长九尺有六寸,人皆谓之"长人"而异之。(《史记·孔子世家》)

司马迁生活在汉代,那时候的一尺约为23.1厘米。若按此折算,孔子身高约2.2176米(对于孔子身高的计算方法,学界有不同意见,但孔子的确比一般人高很多。按照最低的计算方法,孔子身高也在一米九以上)。篮球巨人姚明的身高是2.26米,也就是说,孔子的身高都快赶上姚明的身高了。我们可以在电视上看到很多人的头部仅达姚明的胸部,姚明要看见路人,只能俯视。孔子长这么高,主要是遗传基因起作用,因为孔子的老爹就是一个高大勇猛的武士,是雄纠纠、气昂昂的范儿。当然,也说明孔子的老妈把好吃的都给他了,没怎么让孔子挨饿。

其实,上面说的头顶、身高跟孔子的面相比起来,也就只能算是怪异而已,真正吓人的是孔子的面相。司马迁仅仅记载了孔子的头顶和身高,孔子的面相到底长得怎么样呢?荀子在《荀子·非相》篇中说:

仲尼之状,面如蒙倛。(《荀子·非相》)

"倛"是指古代打鬼驱疫时戴的很酷很怪异的面具。就是说,孔子的长相就像是戴着一个驱鬼面具。一种面具能驱鬼,让鬼见了都避之不及,威猛到什么程度就可想而知了。由这一点可以推论,孔子的长相不仅是有点儿丑,

一、孔子开创了最早的民办学校

而且有些怪、有些凶。有一个成语就叫"凶神恶煞",准确地说孔子的面相应该就给人这个感觉。这种长相,肯定和他祖先世代当武将的遗传有关。可以想象,这种长相会对敌人产生多大的威慑作用啊!但是当文人,这个长相就不太匹配了。

为什么孔子后来给人的印象是"温而厉,威而不猛,恭而安"呢?这是因为学养改变了孔子的气质,使孔子变得温文尔雅。人的相貌是天生的,气质却可以后天培养。美国有一位伟大的总统叫林肯,朋友有一次向他推荐某人为阁员,林肯却不肯用。推荐者追问原因,林肯说:"我不喜欢他那副长相。"朋友质问:"你怎么能以貌取人呢?"这时林肯说:"一个人过了30岁就该对自己的长相负责。"林肯的话是很有道理的,面相反映出一个人的气质与修养,如果是一副凶狠恶毒的面相,明显就是个人修养有问题。相由心生,面相祥和往往是因为心地善良。从心理学上讲,人的相貌分形貌与神貌。天生的相貌就是形貌,后天培养出来的相貌就是神貌。孔圣人天生丑陋,是形貌;但温文尔雅是神貌,是后天的修养得来的。孔子就像林肯所说,对自己的长相很负责,成功地进行了改造。

孔子如果不修身,不学习,那种吓人的长相,恐怕会被世人视为异类而敬而远之,哪还能收得到学生?从孔老师的面相里,我们可以得到这样的启示:天生的形貌丑没关系,后天培养的神貌美才重要。形貌丑不是你的错,神貌丑肯定是你的错。因此,丑人要对自己负责,要有改变相貌的信心。谁如果想改变自己的相貌,应该向孔子学学经验。

3. 才艺达人来了

太宰问于子贡曰:"夫子圣者与?何其多能也?"

子贡曰:"固天纵之将圣,又多能也。"

子闻之,曰:"太宰知我乎?吾少也贱,故多能鄙事。君子多乎哉?不多也。"(《论语·子罕》)

 孔子是个好老师

太宰问子贡说:"你老师是圣人吗?为什么这样多才多艺啊?"

子贡说:"这本来就是老天要使他成为圣人,就又使他多才多艺啊。"

孔子听说后,没有顺杆爬,而是实实在在地说:"太宰了解我吗?我小时候生活很苦,地位低下,所以学会了很多下等的谋生技艺。真正的贵族君子会有这么多技艺吗?不会多啊!"

每个人内心都有痛处,对于别人的盛赞,孔子是感伤的。因为自己少时贫贱,为了谋生活,所以学会了很多技能手艺,而真正在政治上有地位的人是不会这么多技艺的。

孔子是多才多艺的,什么本事都有,相当于我们现在所说的才艺达人。如果那个时候选达人,来个才艺表演,恐怕没人能比得过他。孔子有哪些本事呢?孔子学识渊博,这事咱们后面再说,这里我们聊一下孔子其他方面的才能。

他的第一个本事是玩音乐,而且歌唱得很不错。

子与人歌而善,必使反之,而后和之。(《论语·述而》)

孔子是一个可爱的性情中人,别人唱歌唱到高潮部分,他就跟别人一起唱。孔子还喜欢做音乐评论,他认为《韶》乐是尽善尽美的,《武》乐只是尽美,而不尽善。"尽善尽美"这个成语就来自孔老夫子对音乐的评价啊。

子谓《韶》:"尽美矣,又尽善也。"谓《武》:"尽美矣,未尽善也。"(《论语·八佾》)

孔老夫子认为,《韶》乐是上古舜帝时的音乐,中和醇厚,不仅美妙,而且其中蕴含的道德圆满。《武》乐也很美妙,但周朝毕竟是以武力推翻商纣,道德上不够完满。孔子对《韶》乐的推崇还在于《韶》乐令他如醉如痴。孔子是个超级音乐迷,他说自己在齐国听到《韶》乐后,三个月都品尝不出肉的味道,并赞叹:"没想到《韶》乐达到了如此高的水平啊!"

子在齐闻《韶》,三月不知肉味。曰:"不图为乐之至于斯也。"(《论

一、孔子开创了最早的民办学校

语·述而》）

我们无法给孔子的唱歌水平进行当时社会排名，但可以确定的是孔子非常爱好音乐，非常懂音乐，非常迷音乐，竟然听到一种音乐感受到美，痴迷到三个月不知道肉是什么味道的程度。什么叫做如醉如痴？看看孔子听完《韶》乐后的"傻样儿"就知道啦。

他的第二个本事是擅长驾驶马车和射箭。孔子最擅长什么呢？这个不好说，根据《论语》来推断，应该是驾驶马车。

《论语·子罕》记载：

达巷党人曰："大哉，孔子！博学而无所成名。"

子闻之，谓门弟子曰："吾何执？执御乎？执射乎？吾执御矣。"（《论语·子罕》）

达巷党人说："真伟大啊，孔子！学问广博到不能用一技之长来称赞他的地步。"

孔子听到这话后，对他的学生们说："我该专心于哪一项技艺呢？是驾驶马车呢？还是射箭呢？我想还是驾驶马车吧。"

我们从这段记述中可以清楚地了解到孔夫子绝不仅仅是一个文弱书生，起码孔子驾驶马车和射箭这两项技艺还是比较强的，而且驾驶马车应该比射箭好。前面已经讲到，孔子遗传了他老爹高大威猛的伟岸体魄，其实也遗传了他武士家族的一系列本事。周游列国，当时交通条件不好，路上会遇到容易翻车的危险，孔子有时候应该是自己亲自驾车的。

他的第三个本事是擅长当管理人员。我们前面讲了，在孔子20岁时，他的贵族身份获得统治阶层的承认，于是具备了做官的资格，而且孔子当时已经小有名气。孔子开始是做的什么官呢？《史记·孔子世家》里讲：

孔子贫且贱。及长，尝为季氏吏，料量平；尝为司职吏而畜蕃息。（《史记·孔子世家》）

孔子小时候很穷，而且地位低下。成年后，当过季氏家的仓库管理员，大概是他第一份工作，他把账务出纳工作做得很好。后又被提拔做过牲口管

理员,牲口繁衍得很好,牛马长得很壮实。贱,不是我们现在所说的人品差,孔子时代是指地位低下。孔子虽然被认可为贵族了,却是最低级别的贵族——士。所以,孔子开始做的工作也是很卑微的,应该说孔子是从基层、底层干起来的。年轻人刚进入社会时,应该学学青年孔子的精神。不要老想着自己的职位太低,而是要想着如何把工作做好。这样,升职的机会反而会不期而遇。

尤其难得的是,孔子干着低下的工作,却从来没有放弃学习。之所以说他是才艺达人,主要是因为孔子贫贱而好学。贫贱让孔子必须去从事一些低下的工作,好学又保证了孔子能很好地完成工作,变得多才多艺。孔子的唱歌、驾驶马车、射箭等才艺都是通过勤奋好学掌握的。

4. 开创最早的民办学校

> 子曰:"德之不修,学之不讲,闻义不能徙,不善不能改,是吾忧也。"(《论语·述而》)

孔子说:"道德不进行修养,学问不进行讲习,听到符合道义的事情不能去做,自己不善的行为不能去改正,是我心中的忧虑啊!"现在,很多人天天忧心的是,自己什么时候才有豪宅、名车和娇妻,孔子当年忧心的是道德和学问。从这句话中,我们就可以感受到孔子创办私学的目的是为了修德讲学,教化民风,导人成才。

在孔子之前,学校是由官府办的,国家开办官学,只有贵族子弟才能入学学习。这些贵族学习的也主要是治国理政之道,因为他们将来是要继承父亲的官位,当国家领导人或者各级公务员的。

孔子开创了私学的传统,孔子办的私学是中国最早的民办教育机构之一。其实在孔子时代,开办私学的并不只是孔子一家,还有其他人也在同时期开

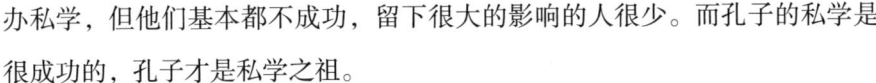

一、孔子开创了最早的民办学校

办私学，但他们基本都不成功，留下很大的影响的人很少。而孔子的私学是很成功的，孔子才是私学之祖。

邓析就是当时自办私学没有成功的典型。邓析是郑国人，也是春秋时期著名的思想家之一。他开办的私学是培养一种专业人才——教人打官司的，就相当于当今社会的律师学校。其实，邓析就被称为最早的律师，是战国名家的鼻祖，著名的讼师。邓析的私学在当时还是很有名的，《吕氏春秋·离谓》里记载：

子产治郑，邓析务难之，与民有狱者约：大狱一衣，小狱襦裤。民之献衣襦裤而学讼者，不可胜数。（《吕氏春秋·离谓》）

子产是郑国的名相，也就是著名的总理。他道德高尚，治国智慧也很高超。子产治理郑国，邓析不服，极力刁难他，处处要显示出自己比子产高一筹。邓析的具体做法就是教人打官司，寻找法律的漏洞，以此来显示自己的聪明，也是混碗饭吃。他知道，子产是有德名相，向来以理服人，不会对自己动粗。抓住了这一点，邓析做事就更是肆无忌惮。邓析教人打官司的收费标准是：学习打大官司要送一件上衣，学打小官司要送一件短衣裤。因为邓析的名气，为学打官司而献上上衣、短裤的人不计其数。邓析办学一度是很成功的。现有的文献记载，也只是说孔子弟子三千，邓析的学生可能要超过孔子。

但邓析的如意算盘打错了，他最终还是做了子产的刀下鬼，真应了那句老话：自作孽，不可活。邓析开办私学，不讲仁义，以非为是，以是为非，颠倒黑白，扰乱律法，败坏民风。《吕氏春秋·离谓》中记载了这样一个故事：

洧河发了大水，郑国有一个富人被大水冲走淹死了。有人打捞起富人的尸体，富人的家人得知后，就去赎买尸体，捞尸人的要价很高。于是，富人家属就来找邓析，请他出主意。邓析对富人家属说："你安心回家去吧，捞尸人只能将尸体卖给你，别人是不会买的。"于是富人家属就不再去找捞尸人买尸体了。捞尸人着急了，也来请邓析出主意。邓析又对他们说："你放心，富人家属除了向你买，还能向谁买呢？"

孔子是个好老师

我们从这则故事中可以看出，邓析是吃完原告吃被告，两家通吃。邓析的目的是赚钱，并不是为了解决社会矛盾。如果社会没有什么矛盾了，邓析及其学生的日子也就不好过了。邓析这么做的后果可想而知：

郑国大乱，民口喧哗。子产患之，于是杀邓析而戮之。（《吕氏春秋·离谓》）

郑国大乱，民怨沸腾。一个是非观不明确的社会，人们就不知怎么办才好了。子产终于下了狠手，把邓析杀了，并戮尸示众。邓析一死，邓析的私学也就偃旗息鼓了。邓析才华出众，子产当官厚道，我们知道孔子对子产的德行是很推崇的。然而，厚道的执政者却杀了有才的学者，是因为邓析扰乱社会，当然他办私学方向也出了问题。

孔门私学的成功之处正在于，办学的目的是服务于社会，引导学生做仁人君子，使民风更为醇厚，同时给各国政府提供治理国家的咨询。这也是孔子走到哪个国家，尽管没有受到重用，但都受到很高礼遇的重要原因。孔门私学重要的贡献是使平民有了进入贵族统治阶层的机会，打破了当时社会出身定终生的宿命，开启了人才向上流通的通道。人们可以在孔门看见向上走的希望，接受到道德的洗礼，实现人生的价值。这是孔门兴盛的秘密，也是教育的真谛。

孔子是一个敢于"吃螃蟹"的人，他勇敢地突破了官办的教育体制，"下海"办学，使得中国教育出现了多元化的格局，而且培养学生也实现多样化。在这一点上，对于今天中国教育的发展也是有意义的。

5. 孔夫子做了哪些学问

子畏于匡，曰："文王既没，文不在兹乎？天之将丧斯文也，后死者不得与于斯文也；天之未丧斯文也，匡人其如予何？"（《论语·子罕》）

在匡地，孔子被当地人当成是阳货拘押起来。阳货本来欺辱过孔子，孔

一、孔子开创了最早的民办学校

子当然讨厌这个人。但是,居然有人把两个人弄混了,这可能和他们都长得"很酷"有关吧。孔子说:"文王死了以后,古代文化遗产不都是在我这里吗?上天如果要消除这种文化,那我也不会掌握这些文化了;上天假若不是要消除这种文化,那么匡人又能把我怎么样呢?"这话说得有气魄,当今哪个学者敢说自己掌握了古代文化呢?我们知道孔子是很谦虚的,孔子说这话貌似终于吹了一回牛。我想孔夫子这么说,一是为了鼓舞学生的士气,让大家充满希望;二是体现出孔子的自信。这种自信不是自傲,而是孔子的确掌握了古代文化遗产,这也是一个实事求是的感叹。

孔子自觉地做了三代文明的继承者和传播者,他虽然说自己是"信而好古,述而不作",但事实上,他做了很多学问,为文化的传承做出了巨大贡献。

他的第一大贡献是述《论语》。尽管《论语》是学生记录孔子和学生对话的内容,里面也有很多孔门弟子的言语,但大多是孔子的言行,体现的基本都是他的思想。《论语》也是后人研究夫子及其弟子思想最重要的一本著作,《论语》更被视为中国人的《圣经》。韩国、日本非常重视《论语》的学习和研究,甚至欧美国家也很重视。可以说,《论语》的知音已遍布全球。

他的第二大贡献是删定《诗》《书》。《诗经》在孔子时代有3000多首,但有一些是重复的,有一些是残缺的,有一些是低俗的。孔子删定《诗经》,留下的都是可以用于礼乐教化的经典名篇。《史记·孔子家语》讲:

古者诗三千余篇,及至孔子,去其重,取可施于礼义。(《史记·孔子世家》)

《诗经》对于陶冶我们的道德情操发挥着非常重要的作用,常读《诗经》能使我们时刻体会到其中的人文关怀。"温柔敦厚,《诗》教也。"(《礼记·经解》)就像有一阵柔和的风轻拂你的发梢,有一股清泉滋润你的心田,一种敦厚的土地令你培植生命根基。温柔敦厚就是一种淳朴真诚的品质,具有这种品质的人越多,整个社会风气就越好。

孔子是个好老师

　　《书》是指《尚书》，那么《尚书》又是一本什么书呢？它是我国第一部上古历史文件和部分追述古代事迹著作的汇编，保存了商周特别是西周初期的一些重要史料。《尚书》相传是由孔老夫子编写的，但有些篇是后来他的徒子徒孙补充进去的。夫子编成《尚书》后，把它用作教育学生的教材。

　　他的第三大贡献是作《易传》、写《春秋》。孔子晚年对《周易》很感兴趣，尤其是50岁以后。孔子说自己五十而知天命，大概也和他50岁开始研究《周易》有关。《史记·孔子世家》里讲：

　　孔子晚而喜易，序彖、系、象、说卦、文言。读易，韦编三绝。曰："假我数年，若是，我于易则彬彬矣。"（《史记·孔子世家》）

　　孔子晚年的时候，喜欢读《周易》，写了《彖》上下、《系辞》上下、《象》上下，还有《说卦》《文言》《序卦》《杂卦》。他时常阅读钻研《周易》，居然把竹简的牛皮绳都翻断三次，"韦编三绝"这个成语就是这么来的。并说："给我几年时间，我就会精通《周易》了。"相传为孔老夫子所作的《易传》（又称《十翼》，因为它分十个部分的内容），对《周易》做了精深的义理阐释，是《周易》广为传播的翅膀。没有《十翼》的《周易》就如同没有翅膀的鸟，是飞不高的，也是活不久的。易经在历史上受到国人广泛而高度的重视，和《易传》的作用是分不开的。

　　《春秋》是古代中国的儒家典籍，被列为"五经"之一。是鲁国的编年史，由孔子修订，后来由司马迁续写。书中用于记事的语言极为简练，然而几乎每个句子都暗含褒贬之意，被后人称为"春秋笔法"。孔老夫子所著《春秋》虽然非常简练，却是信史，也就是有根据的，不是瞎编乱造的。孔子"不打诳语"，没有加入自己的观点，或者道听途说的内容，更没有自己随便想象的内容，孔老夫子这种实事求是的著史态度和方法是历代史官的榜样。

　　孔子真不容易，很高产，他整个后半生带着学生东奔西走，周游列国，居然做了这么多学问。而且这些学问大大地影响了世世代代的中国人。他做的学问很多，他所做的学问都是关于人的学问，体现出孔子深厚的人文关怀。还有孔夫子那实事求是的做学问态度和直面现实的问题意识，都是值得我们认真学习的。

二、孔门是个江湖

1. 三教九流汇孔门

> 子曰:"自行束脩以上,吾未尝无诲焉。"(《论语·述而》)

孔门应该是历史上最早最负盛名的学府,那进入孔门难不难呢?不难。孔夫子说了,只要你带一捆(十条)干肉来,我没有不教诲的。十条干肉是什么概念?是很贵的学费,还是象征性的学费呢?其实,十条干肉是见面礼,并不是厚礼。因为孔子办学的目的是为了让所有愿意求学的人都有机会学习,尤其是平民人家。但这个见面礼也不能没有,这个见面礼表示来求学的学生是愿意接受教诲的。而且,孔夫子也是人,也需要一点儿学费来维持生计。

孔门里的学生都是一些什么人呢?可以说,孔门就是个江湖,什么类型的学生都有,可谓三教九流汇孔门。著名社会学家马克思·韦伯认为,可以用三项指标来对社会进行分层,这三项指标分别是财富、权力和声望。在这里,我们也可以从这三个方面来看一看孔门学生的成分。

从财富上看,有富人、有穷人。富人的典型代表是子贡。子贡是成功的商人,富可敌国。孔子周游列国,子贡资助很多。穷人的典型代表是颜回和原宪,颜回常年居住在陋巷(贫民区),吃不饱、穿不暖。原宪后来隐居在穷乡僻壤,富有的子贡还专门去看望过他(后文有具体讲述),也算是扶贫吧。

从权力上看,有贵族、有平民。贵族的典型代表是孟懿子和南宫敬叔;

孔门是个江湖

二、孔门是个江湖

平民的典型代表是曾皙、颜路。孟懿子和南宫敬叔是孟僖子的两个儿子,孟僖子在去世时留下遗言:孔子乃贵族之后,德行好,水平高,俩儿子要跟着孔子学习。从这里可以看出,孔子的私学办得很好,声望不比官学差。孟氏是鲁国三桓之一,三桓是指鲁国当时的季氏、孟氏和叔孙氏。三桓是鲁国除了国君以外,最有权势的三个家族,是很重要的国家领导家族。这说明,孔子的私学已经获得执政高层的认可。颜路是颜回的父亲,曾皙是曾参的父亲。曾皙是自己在孔子这里上课,感觉很好,就把自己的儿子也带来了。不曾想,父子当同学,儿子比他学得还好。这两对爷俩都是普通老百姓的身份,孔门里大多数都是这样的平民。

从声望上看,有名声极佳者,有名声较差者,例如有名声极好的大孝子闵子骞,有入学时被人看不起的野人子路。《说苑》里收入了《闵子骞单衣记》的故事:闵子骞十岁的时候,他的母亲就去世了。他的父亲闵世恭就又娶了一个后妈——李秀英,后妈又生了两个儿子。这个后妈李秀英对自己亲生的俩儿子好,而虐待闵子骞。她给自己两个儿子做的棉衣里面装的是棉花,给闵子骞做的棉衣里面装的是芦花。冬天外出驾车时,他的父亲发现了这件事,很生气,决定休了后妻。但闵子骞以德报怨,双膝跪地求情:"母在一子单,母去三子寒。留下高堂母,全家得团圆。"父亲被感动,后妈更感动。从此,后妈把闵子骞也当成自己亲生儿子一样看待。子路这家伙天性粗野,孔门有些弟子开始的时候瞧不起他。当然,子路后来成为知书达理的耿直君子,孔门同学也很敬重这个大师兄。

除了这三个方面,我们还可以从地域分布上来看孔门弟子。孔门弟子大多来自鲁国,因为孔子是鲁国人,在鲁国教育学生的时间也最长。但孔子后来周游列国,每到一处,有很多当地人慕名求学于孔子,成为孔门弟子。根据《孔子家语·七十二弟子解》所说,子贡、子夏、公孙宠、琴牢是卫国人;子张、公良儒、巫马期、陈亢是陈国人;原宪、司马黎耕是宋国人;公析哀是齐国人;漆雕开是蔡国人。孔门简直就是一个"联合国"学校。

孔门是个江湖,因为孔子奉行有教无类的教育理念,让有志于学的天下

 孔子是个好老师

英才来学习、来成长。从孔门的学生构成我们可以看出,孔门的教育是打破了贫富贵贱的界限,打破了地域的界限,打破了年龄的界限。这在当时,无疑是一个巨大的社会进步。

2. 夫子降服野汉子子路

> 子路性鄙,好勇力,志伉直,冠雄鸡,佩豭豚,陵暴孔子。孔子设礼稍诱子路,子路后儒服委质,因门人请为弟子。(《史记·仲尼弟子列传》)

子路性情粗野,层次低,好勇逞强,他的装束也很特别:戴着雄鸡似的冠,佩着猪皮装饰的剑,流里流气的痞子相。他没文化,也看不惯斯文人,就来欺侮孔子。孔子很有耐心地用礼仪来渐渐诱导子路,子路后来逐渐变得向往文化了,竟然脱掉痞子衣服,穿上文人的儒服,带着礼物,通过孔子门人的请求而成为孔子的弟子。我们可以看出孔子的教育方法与个人魅力,使开始时那个粗野痞气的子路,从对孔子欺辱,到发生这么大转变,被收服成了孔门大师兄,真是一个奇迹,当然,收服的过程还是有故事的。

《孔子家语·子路初见》里记载:子路开始去拜见孔子。

孔子:"你有什么爱好呢?"

子路:"爱好长剑。"

孔子:"我问的不是这个,而是说以你的才能,再通过学习增加你的学问,谁能赶得上呢?"

……

子路:"南山有竹子,不用揉制矫正自然就直,砍伐下来做成的箭,能够射穿犀牛皮。由此说来,还有什么学习的必要呢?"

孔子:"在箭栝上安上羽毛,把箭头磨得极其锋利,那它射得不是更

深吗？"

子路向孔子拜了两拜。

子路："一定接受您的教诲。"

孔子的话击中了子路心中最柔软之处。其实，子路粗野是因为没有遇到好老师，他也是好学而且是通情达理的，只是没有遇到好老师点石成金的引导。

子路只比孔子小九岁，是孔门最大的学生，所以也就算是孔门的大师兄。子路跟孔子不完全是师生关系，在某种意义上是朋友关系，或称之为师友关系。子路生性鲁莽，但他是一个天性耿直，忠厚仗义的人。有学者认为子路就相当于宋江身边的李逵、刘备身边的张飞。子路开始进入孔门时，的确是这种形象，但后来子路成了一个谦谦君子。这从后来他跟随孔子周游列国时，向别人问路时彬彬有礼的举止可以看出来。

由于子路年龄最大，跟孔子是亦师亦友的关系，再加之性格耿直，子路就成为孔门里唯一一个敢直言阻止孔夫子去做不合适的事的学生，而且孔子往往还就听他的。《论语·阳货》记载：

公山弗扰以费畔，召，子欲往。

子路不说，曰："末之也，已，何必公山氏之之也？"

子曰："夫召我者，而岂徒哉？如有用我者，吾其为东周乎？"（《论语·阳货》）

公山弗扰占据费邑，以费邑为据点图谋叛乱，他想请孔子去他那里做官，孔子打算去。

子路不高兴，说："没有什么地方可以去就算了，为什么一定要去公山氏那里呢？"

孔子说："那个叫我去的人，难道会白白召我去吗？如果有人肯用我，我也许会使鲁国成为东方的周王朝，复兴周礼呢！"

公山弗扰是什么人呢？季氏的家臣，和第一章提到的阳货一样。孔子说当时的世道是礼坏乐崩，主要表现在：周王朝的地位衰落，地方诸侯不听周

孔子是个好老师

王室的,而各自发展自己的势力,扩张自己的领土。而诸侯国内,一般会有三五个权势极大的大夫把持朝政。这些卿大夫有自己的封地,他们在自己封地里修筑城池,让自己的家臣去管理。家臣的势力就逐渐坐大,有野心的家臣就倚仗自己管理的城池来控制卿大夫。这样就导致了一个结果:陪臣执国命——下面的官员掌握国家大权。也就是说周王室往往要被诸侯左右,诸侯被卿大夫左右,而卿大夫被家臣(又称陪臣)左右。公山弗扰想仗着自己管理的费邑来控制诸侯,但又担心人心不服。孔子当时在鲁国虽然没有做官,但私学办得非常好,社会影响大。公山弗扰召用他主要是想利用孔子的社会影响力来安抚人心,当然不是要真正重用孔子。

其实,孔子的主张虽然挺好,但很多人还是觉得他比较迂腐,他讲的那些道理是没有问题的,是可以提倡的,但要推行起来治国,那是很不容易的。而且,孔子这个人比较刚直,有的领导者觉得不好驾驭他,所以尊重他,甚至高薪养着他都行,但一般不用他。何况是公山弗扰这种道德低下的人,怎么可能不是利用他呢?

对于公山弗扰的召用,孔子心动了,想去。但他心里也明白,去了也很难实行自己的主张。就是子路不阻拦,他最终也不会去。但子路的阻拦无疑是立马打消了他去试一试的想法。

还有一次,又有人来召孔子去做官,这次来召用他的人是晋国的大夫范中兴的家臣佛肸(音必西)。《论语·阳货》记载:

佛肸召,子欲往。

子路曰:"昔者由也闻诸夫子曰:'亲于其身为不善者,君子不入也。'佛肸以中牟畔,子之往也,如之何?"

子曰:"然。有是言也。不曰坚乎,磨而不磷;不曰白乎,涅而不缁。吾岂匏瓜也哉?焉能系而不食?"(《论语·阳货》)

佛肸召孔子去,孔子又想去。

子路这时又说话了:"以前我听老师您说过:'亲自做了坏事的人那里,君子是不去的。'佛肸凭借中牟为据点来反叛,老师您却要去那里,这说得通吗？"

孔子说："是的，我是说过这样的话。但是，我不是也说过坚硬的东西，磨也磨不薄这话吗？不是也说过洁白的东西，染也染不黑这话吗？我难道是只匏瓜吗？怎么只能挂在那里，不想有人来觅食呢？"

孔子这次的解释有些牵强，但却表达出自己内心的郁闷。自己一直认为有治国的智慧和才能，想施展抱负，却没有用武之地。当然，孔子这次也没去，他本来也只是有点儿心动，说说而已。其实，在孔门，孔子出于爱护子路，对他批评是最多的。但在孔门里，真正敢在孔子面前直言的也只有子路。

子路是一个可爱的人，有话直说，也就让后人看到的孔子的形象饱满鲜活起来了。

3. 快乐的学霸——颜回

> 子曰："贤哉，回也！一箪食，一瓢饮，在陋巷，人不堪其忧，回也不改其乐。贤哉，回也！"（《论语·雍也》）

孔子说："贤人啊，颜回！一碗饭，一瓢水，居住在简陋的小巷子里，人们为他的生计堪忧，他却一直能保持自己的快乐而不改变。贤人啊，颜回！"

颜回，鲁国人，字子渊，比孔子小30岁。可能是因为学习太用功，加上营养不良，29岁时头发就全白了。可惜寿命不长，41岁就去世了。颜回虽然死得早，但颜回去世前却是孔子最喜欢的学生，去世后孔子也很怀念他。

颜回为什么那么讨夫子喜欢呢？

首先是因为颜回好学，悟性高。好学而且悟性高的学生对好老师有着天然的杀伤力。当然也有悟性高却不好学的，孔门中子贡就是这种类型。还有的学生很好学，但悟性不是很高，最终还是可以把学问做得很好的，孔门里曾参就是这个类型。颜回和他们不同，悟性很高，又很好学，是最早的传说

孔子是个好老师

中的学霸。

季康子问:"弟子孰为好学?"

孔子对曰:"有颜回者好学,不迁怒,不贰过,不幸短命死矣!今也则亡。"(《论语·先进》)

季康子问孔子,谁是最好学的学生呢?孔子回答说,颜回最好学啊,可惜就是死得太早,现在没有这么好学的学生了。我们可以从中感受到孔子对颜回好学的赞美是由衷的,带着深深的怀念和感叹。而且他认为,自己的那些学生中,就属颜回才是真正好学的,颜回死了,就没有能比得上他的了。

孔子为什么把好学看得如此重要呢?他认为,自己与别人的显著区别就是好学。颜回这点儿无疑很像他。孔子喜欢颜回不仅好学,更喜欢他非常高的悟性。

子曰:"吾与回言终日,不违,如愚。退而省其私,亦足以发,回也不愚。"(《论语·为政》)

孔子说:"我给颜回上了一整天的课,他没有提出任何不同的意见,好像很笨的样子。我事后考察他私下的言行,发现颜回完全能理解并发挥我的学说,颜回并不愚笨啊!"孔子其实是主张学生多跟他互动讨论,进行启发式教学的。可是颜回却是个闷葫芦,一般都是不问问题的。开始时,夫子还以为这是一个笨头笨脑的傻学生,后来发现不是,颜回其实很聪明,悟性很高,学习之后什么都明白。其实可能是因为太明白了,所以就不需要问问题了。所谓一点就透,应该就像颜回这样吧。

其次,颜回安贫乐道,把学习当作是人生的最大快乐。我们知道孔子是很少称赞别人是贤人的,但对于颜回却不吝啬这个词。颜回的这种安贫乐道的精神被后人称之为"孔颜乐处"。在孔子的思想中,包含着重要的安贫乐道精神,而这种精神在颜回身上体现得淋漓尽致。

子曰:"饭疏食饮水,曲肱而枕之,乐亦在其中矣。不义而富且贵,于我如浮云。"(《论语·述而》)

孔子说:"吃粗粮,喝冷水,弯着胳膊当枕头,快乐就在其中。如果通过

二、孔门是个江湖

不义的方式获得富贵,对我而言就如同天边的浮云。"我们现在说的流行语"神马都是浮云",其实这句式是孔子发明的。孔子认为他体会到的这种安贫乐道的快乐,颜回都体会到了。一个人如果能够体会并能保持这种安贫乐道的精神,无疑是人生境界的一个大提升。

最后,颜回是个仁者。整部《论语》之中,孔子只是明确说了颜回是仁者。孔子有很多学生,他也给很多学生下过简练到一个字的评语,比如给子路下的评语是"果",给子贡下的评语是"达",给冉求下的评语是"艺"。但孔子却给颜回下过"仁"的评语。

子曰:"回也,其心三月不违仁,其余则日月至焉而已矣。"(《论语·雍也》)

孔子说:"颜回可以做到其心三个月不违背仁德要求,其他的学生最多可以做到一个月而已。"当然,后面这句话也可以翻译为:颜回可以长时间做到不违背仁德要求,其他学生只能坚持较短的时间。颜回由于死得早,也没有

孔子是个好老师

从政，所以没留下著作，也没有丰功伟绩的记载。但颜回对于孔门的学风和团队精神影响很大。孔子说过一句话："自从我有了颜回，我的弟子们之间一天比一天亲密（自吾有回，门人日益亲。《孔子家语·七十二弟子解》）。"上文说过颜回是个话不太多的闷葫芦，他究竟靠什么有如此之大的影响？不得而知。颜回不仅团结同学，还能使整个孔门团结起来，这个作用可是不得了，颜回的仁爱精神、人格魅力和领导才能可见一斑。若非天妒英才，颜回可能是立德、立功、立言的另一位"三不朽"的圣人。

4. 孔门第一"高富帅"——子贡

> 子曰："回也其庶乎？屡空。赐不受命，而货殖焉，亿则屡。"（《论语·先进》）

孔子说："颜回对我的学说了解得差不多了吧？但生活常常很贫穷。端木赐不是很了解我的学说，但他从事商业活动，常常都能猜中行情，赚了很多钱。"孔子在这里没有刻意去表扬或者贬低他的两个学生，孔子只是对两个学生的状况做了一个实事求是的说明。端木赐是谁呢？就是子贡。子贡是端木赐的字。赚钱是一种本事，子贡赚钱的本事就很大。不过，你要是认为子贡只是擅长赚钱，那就错了。

子贡是孔门第三个很特殊的学生，子贡的特殊是因为他是孔门第一"高富帅"。这里"高富帅"的含义不完全是指个子高、很有钱、长得帅。子贡的"高"是指才高；"富"是指富有；"帅"是指行为帅，通达而重情。而且，这三者"三位一体"地集中在子贡身上。

一是，子贡才高八斗。子贡的才能是很突出的，尤其是他的口才，可以在各个诸侯国之间纵横捭阖。子贡曾经开玩笑似的问过老师对自己的看法，孔子也是比较认可子贡之才的。

二、孔门是个江湖

子贡问曰:"赐也何如?"子曰:"汝,器也。"曰:"何器也?"曰:"瑚琏也。"(《论语·公冶长》)

子贡曾经问孔子说:"老师,你觉得我怎么样?"孔子说:"你啊,是一件器物。"子贡又问:"是个什么器物呢?"孔子回答说:"是个瑚琏。"这里孔子先是贬低了一下子贡,因为孔子说过:君子不器。(《论语·为政》)意思就是君子不能像器物那样,成为具有某一方面功能的工具。孔子说子贡是一件器物,就是说子贡只是具有某一方面的才能,不能算是君子。孔子可能是感觉到了自己对子贡的评价有点儿过了,所以在子贡问自己是什么器物时,孔子说是瑚琏。瑚琏是宗庙里盛黍稷的器皿,是一种高级器皿。孔子是极其重视祭祀的,在祭祀中这种器皿很重要。也就是说,虽然孔子认为子贡只是具有某一方面的才能,但却是很重要的才能。那么这个很重要的才能是什么呢?是辩才。子贡是春秋时期著名的外交家,口才非常突出。

二是,子贡富可敌国。子贡的富有程度相当于现在的华人首富李嘉诚,子贡自己财富的拥有量真的可以和一个春秋时代的国家相比。司马迁对此有过生动的描述:

子贡结驷连骑,束帛之币以聘享诸侯,所至,国君无不分庭与之抗礼。夫使孔子名扬于天下者,子贡先后之也。此所谓得势而益彰者乎?(《史记·货殖列传》)

子贡车马相连,带着束帛重礼去结交诸侯,所到之处,国君无不和子贡对等地平起平坐。孔子能名扬天下,子贡人前人后的帮助和财力支持发挥了重要作用。在司马迁的《史记·货殖列传》中,记述的第一个人物是后来成为富甲一方的陶朱公,也就是当年帮助越王勾践完成霸业后而果断隐退的大将军范蠡。第二个人物就是孔门的子贡,子贡既是孔门的得意门生,学问很好,后来又当过鲁国和卫国的丞相,还是富商。能把做学问、做官、经商都做得很成功的,子贡是第一人。现在人们讲儒商,其实子贡是名副其实的儒商鼻祖。在孔子晚年时,就有人说子贡比孔子贤能,这曾遭到子贡的严厉斥责。但可以看出,子贡生活的那个年代,大家对子贡都是非常推崇的。

三是，子贡通达重情。我们在《论语》中读到子贡的言论觉得很舒服，有一种如坐春风的感觉。尤其是子贡与孔夫子之间的调侃语言总是让人百读不厌。上面我们讲了，有一天子贡问孔子觉得自己怎么样，得到了孔子器皿之才的调侃。其实，子贡去老师那里找过调侃，老师也主动调侃过子贡。

子谓子贡曰："女与回也孰愈？"

对曰："赐也何敢望回？回也闻一以知十，赐也闻一以知二。"

子曰："弗如也；吾与女弗如也。"（《论语·公冶长》）

孔子："你觉得自己和颜回比，谁更强一点儿啊？"

子贡："我怎么敢跟颜回比呢！颜回听到一个道理，能明白十个道理。我听到一个道理，也就只能明白两个道理。"

孔子："是不如啊，我和你在这方面都比不上颜回啊。"

当然，最后一句话也有人翻译为："是不如啊，我同意你说的，你不如颜回啊。"

其实子贡的才能不一定就比颜回差，只是擅长的方面不一样罢了。颜回擅长学问，修养身心，子贡擅长外交和理财。关键是孔夫子在问这个问题时是想听什么内容，他想借这个问题来敲打一下子贡。子贡很好地揣摩到了老师的心思，回答说自己哪能跟颜回比啊，颜回能闻一知十，自己只能闻一知二。这样的回答一下子就把孔老夫子给逗乐了。

子贡非常重情尊师，这鲜明地体现在他对孔子的感情上。孔子死后，其余弟子都只是服丧三年而去，唯独子贡为孔子服丧六年。在春秋时期，子女要为父母的去世服丧三年。孔门弟子服丧三年即是把孔子当成自己的父亲，那是非常尊重孔子的。然而，家财万贯又声名显赫、官位重要、日理万机的子贡对孔子的服丧，竟达六年之久，这已经超出了父子情感。

5. 其实都是老师的粉丝

颜渊喟然叹曰："仰之弥高，钻之弥坚。瞻之在前，忽焉在后。夫子

二、孔门是个江湖

> 循循然善诱之,博我以文,约我以礼,欲罢不能。既竭吾才,如有所立卓尔。虽欲从之。末由也已。"(《论语·子罕》)

颜回感叹说:"夫子之道越抬头看,越觉得高;越用力钻研,越觉得深不可测。看着它似乎在你前面,一转眼又跑到你身后去了,真是捉摸不定啊!尽管如此,老师却善于用有步骤的方法引导我,既通过各种文献典籍丰富我的知识,又用一定的礼节来约束我的行为,使我想停下来都不可能。即使竭尽我的才能去追求,但好像有一个高大的东西立在我面前,我虽然想尽力地攀登上去达到他的高度,可是找不到路径。"我们从这里可以看出,颜回这个同学作为孔子最喜爱的学生是非常敬慕孔子的,给我们的感觉好像是颜回同学太会拍马屁了,其实这是他对孔子的发自内心的评价,真实情感的表达。

孔门的学生都很佩服孔子,用现代的话说,孔门弟子都是孔子的粉丝。孔子办的是私学,也就是民办学校,而且他还象征性地收一点儿学费。在这之前民办学校还不流行,在孔子那里念完书是没有一个国家认可的学位证书的,而且孔子连个固定的教室都没有。但是,办学的吸引力关键在质量,关键在于有没有名师。我们知道,鲁国位高权重的孟僖子在临终前嘱托自己的两个儿子去孔门读书,跟着孔子学,而不是说让他们去官学。这从一个层面说明了,孔子的学识非常渊博,他的学校办得很好,在鲁国没有人能超过他。而且,孔子非常有个人魅力,很多学生都是终身追随他。他们敬佩孔子的渊博学识、折服于孔子的各项才艺、敬仰孔子高尚的人生追求。所以,他们愿意在交通不发达又兵荒马乱的年代,跟着孔子颠沛流离地周游列国。我们可以从弟子的赞美中,体会出孔门学生其实都是孔子的粉丝。

孔门中对孔子表达敬仰之情最多的不是颜回,而是子贡。

> 子禽问于子贡曰:"夫子至于是邦也,必闻其政,求之与?抑与之与?"
>
> 子贡曰:"夫子温、良、恭、俭、让以得之。夫子之求之也,其诸异

孔子是个好老师

乎人之求之与？"(《论语·学而》)

在孔子生前,孔子的一个粉丝陈亢(陈亢,字子禽)问子贡:"孔子怎么每次到一个国家都能知道这个国家的政事,是别人主动告诉孔子的呢,还是孔子主动问别人的呢？"子贡的回答很有意思,他说孔子是凭借自己温良恭俭让的好品德得到的,可以说是孔子问别人的,也可以说是别人主动告诉孔子的。子贡对孔子的敬慕之情溢于言表。

在孔子去世之后,子贡由于富可敌国,又担任鲁国的宰相,国际地位非常高。子贡后来周游列国,在其他诸侯国受到的待遇比孔子当年高。通俗地说,子贡是在孔子去世不久,混得最好而且影响力赶超孔子的一个。在孔子年迈而深居简出和去世后,很多人就在子贡面前赞美子贡,称赞子贡比孔子贤能。对于这种情况,子贡给予了无情的反击:

叔孙武叔语大夫于朝,曰："子贡贤于仲尼。"

子服景伯以告子贡。

子贡曰："譬之宫墙,赐之墙也及肩,窥见室家之好。夫子之墙数仞,不得其门而入,不见宗庙之美,百官之富。得其门者或寡矣。夫子之云,不亦宜乎！"(《论语·子张》)

叔孙武叔在朝中对大夫们说："子贡比他老师孔子更有才能和道德。"

子服景伯就把这个事打小报告捅到子贡那里。

子贡说："拿房屋的围墙来做比喻吧,我家的围墙只有肩膀那么高,站在墙外的人很容易看见我家的好东西；但老师孔子家的围墙有几仞之高,人们找不到进去的门,看不见里面宏伟的庙堂和众多的好房子。能够找到门进去的人很少啊。叔孙武叔就是找不到门的那种人,他这么说,不也很自然吗？"

还有一次,还是这个叔孙武叔,他当面诋毁孔子,子贡给予了不客气的有力反击。

叔孙武叔毁仲尼。子贡曰："无以为也！仲尼不可毁也。他人之贤者,丘陵也,犹可逾也；仲尼,日月也,无得而逾焉。人虽欲自绝,其何伤于日月乎？多见其不知量也。"(《论语·子张》)

二、孔门是个江湖

叔孙武叔诋毁孔子。子贡说:"怎么能这么做!孔子是诋毁不了的。其他人的贤能,就像山丘,是可以逾越的;孔子的贤能,就如同日月,是超越不了的。虽然有人要自绝于日月,但这对于日月又有什么损伤呢?只不过是表现出自己的自不量力罢了。"

子贡这话说得是很重的,要知道叔孙武叔是当朝大夫,是后来鲁国三桓之一(就是整个鲁国最有权势的三大领导人之一),子贡是宁愿得罪权贵,也要维护自己的老师孔子,可见对老师的景仰和信服。

不仅是颜回、子贡,其他弟子都是很敬服孔子的。

宰我曰:"以予观于夫子,贤于尧舜远矣。"

子贡曰:"见其礼而知其政,闻其乐而知其德,由百世之后,等百世之王,莫之能违也。自生民以来,未有夫子也。"

有若曰:"岂为民哉?麒麟之于走兽,凤凰之于飞鸟,泰山之于丘垤,河海之于行潦,类也。圣人之于民,亦类也。出乎其类,拔乎其萃,自生民以来,未有盛于孔子也。"(《孟子·公孙丑上》)

宰我说:"以我看,我老师的贤明远远超过尧帝和舜帝。"

子贡说:"看到一个国家的礼仪,便能推知这个国家的政治;听到一个国家的音乐,便能感受到这个国家的德政。从百代之后来评判百代以来的君王,没有人能超越他。自从有人类以来,没有人能比得上孔夫子。"

有若说:"何止是人有高下之分呢?麒麟和走兽,凤凰和飞鸟,泰山和土堆,河海和溪流都属于同类。圣人和平民也属于同类,但远远超出同类。自从有人类以来,没人比孔子更负有盛名的了!"

听到这三个学生对他们老师的赞美,很多人估计会说一句"马屁精",怀疑这是不是孟子在自己的书里杜撰的。其实这应该是比较真实的,因为前面颜回和子贡对孔子的赞美也到了无以复加的地步,是出自《论语》里的。

其他弟子也对孔子表现出很高的敬仰之情,例子就不再多举。我们可以得出一个结论:孔门弟子都是孔子的粉丝,而且是铁杆粉丝。

这样的老师太成功了。世界上有几个老师能让学生敬服到如此程度呢?

孔子是个好老师

三、与学习恋爱一生

1. 学习是一件快乐的事

> 叶公问孔子于子路，子路不对。
> 子曰："女奚不曰：其为人也，发愤忘食，乐以忘忧，不知老之将至云尔。"（《论语·述而》）

叶公向子路询问孔子是什么样的人，子路没有回答。

孔子说："你为什么不这么告诉他：孔子的为人啊，发愤时连饭都忘了吃，快乐时什么忧愁都忘了，不知道自己都已经快老朽了等等。"

子路为什么没有直接回答叶公的提问呢？可能是觉得自己是把握不好怎么评价老师，也可能是觉得老师的伟大不是一两句话可以评价的，需要去亲身感受孔子身上的圣人气象。但孔子给自己做出了评价：好学忘年老。

> 子曰："十室之邑，必有忠信如丘者焉，不如丘之好学也。"（《论语·公冶长》）

极为好学是孔子的显著品质，也是孔子自认为他和其他人的差别。孔子说，在有十户人家的小村子里，你一定可以找到像我这样忠诚讲信用的人，但你找不到跟我一样好学的人。在孔子看来，好学是一种非常重要的品质，一个人如果不好学，就会导致其他品质出现缺陷。孔子曾对子路谈过由于不好学会导致六种弊端：喜好仁德而不好学，容易变得愚笨；喜好智慧而不好

与学习恋爱一生

孔子是个好老师

学,容易变得放荡;喜好诚信而不好学,容易受人利用而害了自己;喜好直率而不好学,容易变得尖酸刻薄;喜好勇敢而不好学,容易酿成叛乱;喜好刚猛而不好学,容易变得狂妄。(好仁不好学,其蔽也愚;好知不好学,其蔽也荡;好信不好学,其蔽也贼;好直不好学,其蔽也绞;好勇不好学,其蔽也乱;好刚不好学,其蔽也狂。《论语·阳货》)仁、知、信、直、勇、刚这六种品质都是孔子倡导的君子品质。然而,恰如其分地训练这六种品质都离不开好学。换句话说,只有好学的人才能真正拥有这六种品格,只有好学的人才能真正驾驭好六种品质。离开了好学,一个人的优点往往也是一个人的缺点,而且,可能是致命的缺点。只有学习可以补不足,让人把握好自己的行为。

孔子好学的一个显著特征就是乐学,在孔子看来,学习是一件非常快乐的事。上文已经讲到,孔子把学习分了三个层次:知之、好之与乐之。

> 子曰:知之者不如好之者,好之者不如乐之者。(《论语·雍也》)

"知之"是第一个层次,就是知道某种知识。如果不能进入"好之"的层次,这个知也只是浅层次的知。"好之"是第二层次,这个层次有强烈的求知欲求,希望学得更深更全而刻苦钻研,已经进入了深层次的知。当然,最高层次的学习状态就是"乐之"。在好之之后体验了学习的快乐,真正学有所得,学有所成。如果说,好之是深入其中,乐之就是出乎其外,得乎其趣,将学习的东西进行了融会贯通而体验到了学习的快乐。也可以说,知之者是知道分子,好之者是知识分子,乐之者才真正达到学者境界,是知乐分子。成为知乐分子,就可以在知识海洋中自由自在地遨游了。

2. 孔子与老子之间不得不说的故事

> 孔子去,谓弟子曰:"鸟,吾知其能飞;鱼,吾知其能游;兽,吾知其能走。走者可以为罔,游者可以为纶,飞者可以为矰。至于龙吾不能知,其乘风云而上天。吾今日见老子,其犹龙邪!"(《史记·老子韩非

三、与学习恋爱一生

列传》)

孔子拜访老子，和老子分手后，对孔门弟子们说："鸟，我知道它能飞；鱼，我知道它能游；兽，我知道它能跑。会跑的可以用网罩住它；会游的可以用鱼饵去钓它；会飞的可以用箭去射它。至于龙，我就不知道怎么对付了，龙能游、能跑、能乘风飞天。我今天见到的老子，就是龙啊。"这就是有名的孔子问礼于老子后，对老子的评价。

孔子问礼于老子的故事记载于多处，《孔子家语》《史记·孔子世家》《史记·老子韩非列传》《礼记·曾子问》，甚至《庄子》中的《天道》《天运》《知北游》等古籍中均有记载，只是其中对孔子的年龄记述差异极大。《史记·孔子世家》称孔子问礼于老子时是30岁左右，而《庄子·天运》中却说孔子问

孔子是个好老师

礼于老子时已经51岁了,两者相差21岁。两次记载的年龄大不一样,难免引起人的怀疑。而且老子本身的身世更是扑朔迷离,所以,这件事尽管多处记载,但就是近现代一些学者仍对这一事件持怀疑态度,认为两位大师的见面只是一个美好的传说,是人们的一种愿望。

其实,史上对孔子见老师年龄记载有很大差异,并不能证明根本没这事,反而说明孔子至少拜见过老子两次以上,或者说曾在不同时期多次拜访过老子。《孔子家语》中孔子曾多次提到"吾师老聃",这个称呼是很亲切的。我们不难体会出孔子的思想中似乎包含一些道家的思想,应该就是受到老子影响的缘故。这里不对这件事的真伪进行详细的考证,而是想根据各种记载整理出一个完整的孔子问礼于老子的故事。或许,事情的真伪不是最重要的,我们从中受到的启发才是最重要的。

孔子30岁的时候开始正式办私学,在这之前他已经名声在外了。《三教九流汇孔门》那一节已经讲了,那时孟氏家族的两个公子孟懿子和南宫敬叔都来孔子这里学习,孔子的学生越来越多。但孔子感觉鲁国的文化已经无法满足他的需要,他觉得自己需要向更大地域的更有水平的人学习请教。当时周王室还在,王室有个图书馆,那时图书馆一定是极少的,而且周王室的图书馆肯定是当时最大的。那时因为图书馆极少,做图书馆的管理员就是极为重要的工作,一定是很有文化的人才能担任,老子当时就干这个。老子不光工作重要,而且闻名遐迩,孔子就想去拜访他,向他请教周文化。可是,鲁国去周王室路途太遥远,需要大量的开支,需要有人赞助。这时南宫敬叔发挥作用了,为孔子争取来了国家赞助,并驾着马车和孔子一起去周王室见老子去了。孔子刚去的时候,老子听了孔子复兴周礼的宏愿后,对他说了一席话:

> 子所言者,其人与骨皆已朽矣,独其言在耳。且君子得其时则驾,不得其时则蓬累而行。吾闻之,良贾深藏若虚,君子盛德,容貌若愚。去子之骄气与多欲,态色与淫志,是皆无益于子之身也。吾所以告子,若是而已。(《史记·老子韩非列传》)

三、与学习恋爱一生

这话翻译过来就是：您所说的周礼，制定它的人早就死了，只有他的言论还在。而且君子遇到时机就出来作为，没遇到时机就隐居起来。我听说，好的商人把货物隐藏起来，好像什么都没有的样子。德行很高的君子，表面上看起来却很愚笨。去掉您的骄气和过多的欲望，去掉您高贵的神态和过高的志向，这些对您都没什么好处。我要告诉你的就是这些而已。

可以说，孔子刚一遇上老子就被老子泼了一瓢冷水，老子基本否定了他要推行的周礼，还对他有一番作为的追求进行了劝诫。老子的话有没有道理？很有道理。孔子没能复兴周礼，孔子的执着追求也没给孔子带来什么好处。我们知道孔子后来更着重宣扬他的仁爱思想了，周礼是以前的礼仪，仁爱思想却是孔子的创新，这也许是从老子这里悟到了什么。

孔子在周王室的图书馆学习了一段时间，在向老子辞行的时候，老子又对他说："我听说富贵的人送行时赠送财物，品德高尚的人送行时赠送良言。我不是富贵的人，就借用品德高尚人的名号，送您几句话吧。"老子究竟送了什么话呢？这几句话就是：

> 聪明深察而近于死者，好议论人者也。博辩广大危其身者，发人之恶者也。为人子者毋以有己，为人臣者毋以有己。（《史记·孔子世家》）

聪明又知道人底细的人，就接近了死亡，因为他喜欢议论别人；博学善辩、才能广大就要危及到自己，因为他爱揭发别人的恶处。做儿子的不要总是想到自己，做臣子的不要总是突出自己。老子这话就是针对当时的孔子说的，孔子当时正是30岁，聪明深察而又博学善辩、才能广大。老子担心孔子意气风发、过于自信而议论人、揭人短，过分凸显自己而给自己带来祸患。孔子的思想也的确受到老子的影响，孔子后来提出的"辟世、辟地、辟色、辟言"的思想（子曰："贤者辟世，其次辟地，其次辟色，其次辟言。"《论语·宪问》）、"用之则行，舍之则藏"的思想（子谓颜渊曰："用之则行，舍之则藏，唯我与尔有是夫！"《论语·述而》）等，应该跟这次孔老相会密切相关，可以说孔子的思想带有明显的老子思想的烙印。

孔子拜见老子回到鲁国后，学问有了进一步提高，学生也增加了不少。

孔子是个好老师

儒道两家的一次教主峰会就这样离我们远去了,但今天读起来,依然那么鲜活。他们二人的思想交锋就像是叶孤城与西门吹雪的紫禁之巅对决,又如同洪七公与黄药师的华山论剑,留给世人的永远是无限的遐思与向往。

3. 夫子还有几个好老师

> 卫公孙朝问于子贡曰:"仲尼焉学?"
> 子贡曰:"文、武之道,未坠于地,在人。贤者识其大者,不贤者识其小者。莫不有文武之道焉。夫子焉不学?而亦何常师之有?"(《论语·子张》)

卫国公孙朝问子贡:"你们老师和谁学习呢?"

子贡说:"文王、武王的治国之道的旗帜并没有坠落在地上,在于有人传承。贤能的人能认识和把握其大的方面,普通人能认识和把握其小的方面,但是都是文武之道啊。我们的老师怎么会不学习呢?然而他又怎么会有固定的老师呢?"

公孙朝经过观察,发现了一个问题:孔子没有一个固定的老师。于是他向自贡提出了质疑:孔子是怎么学习的呢,他的老师是谁呢?

对于公孙朝这个问题是很难回答的,因为孔子的学问在当时已无人能及,谁又会是孔子的老师呢?孔子若是没有和老师学习,又从哪里来如此之高的学问呢?子贡很有智慧,他的回答很高妙:传统文化之所以传下来,因为有许多人在继承啊。我们的老师向各种有知识的人学,博采众长,成一家之言。他怎么会有固定的老师呢?言外之意,认为孔子应该有固定的老师,那是迂腐之见。

上面讲了孔子问礼于老子的故事,两位世外高人进行了巅峰交流。老子

三、与学习恋爱一生

只是孔子众多的老师之一,孔子还跟其他人学习过。孔子是非常善于学习的人,而且往往盖过自己的老师。我们或许能从孔子学琴的故事中能受到很多启发,《孔子家语·辩乐解》记载了孔子学琴于师襄子的故事。

孔子向师襄子学习弹琴,学习一首乐曲一段时间后,师襄子觉得孔子这首曲子学得差不多了,想教孔子其他的曲子。

师襄子:"我虽然是以击磬做的乐官,但我还是擅长于弹琴。如今,你已学会了这首琴曲,可以进一步学点别的了。"

孔子:"我还没有学到它弹奏的技巧啊。"

孔子用心投入,练习一段时间后,很快学会了技巧。

师襄子:"你现在已经学会技巧了,那么可以学点别的了。"

孔子:"可我还没有了解曲子表达的意趣啊。"

孔子继续专心练习一段时间,了解了曲子的意趣。

师襄子:"你了解了它的意趣,现在可以进一步再学点别的了。"

孔子:"我还不晓得它是歌颂谁的啊。"

于是,孔子每天专心致志地弹奏,用心领会曲中歌颂的人物。过了一段时间,有一天,孔子有所深思,站在一个高处,向着远方眺望。

孔子:"我已经知道它是歌颂谁的了,他长得有点黑,身材修长,有着广阔的胸襟,深邃的目光,世间万物都在他的视野之中。若不是周文王,谁能如此啊!"

师襄子听了,十分惊讶,立刻离开坐席来到夫子面前,两手交叉于胸前,表示敬意。

师襄子:"你真是无所不通的圣人啊,此曲的名字就是流传下来的《文王操》。"

孔子就是这样,不管学什么,从不满足于一般学习,而是一定要达到透彻领悟的境界。

孔子的老师其实是很多的,他每到一个国家都向这个国家的贤能之士请教学问。孔子年轻时到郑国去就专门向这个国家的著名政治家子产请教学问。

孔子是个好老师

孔子周游列国时到齐国也向齐相晏婴请教学问，尽管晏婴阻止国君重用孔子，但孔子对晏婴还是赞扬有加。韩愈在《师说》这篇文章里讲到：圣人无常师。孔子师郯子、苌弘、师襄、老聃。郯子之徒，其贤不及孔子。

孔子的老师很多，他并不是只向非常贤能的人请教学问，只要别人有某一方面的才能很出众，都会虚心请教学习。孔子评价自己的学问时说，自己并不是天生什么都知道，是因为他喜好古代文化，并且非常勤勉快速地去学习罢了（我非生而知之者，好古，敏以求之者也。《论语·述而》）。

孔子不止向别人学习长处，而且向别人学习教训，从别人的不足中得到启发。因此他说：三人行必有我师焉。择其善者而从之，其不善者而改之。（《论语·述而》）只要路上有三个人在走路，其中一定有我的老师。要选择他们的好的方面来吸收，要从他们不好的地方受到启发去改正自己。孔子太虚心了，他把别人都当作老师。一个人虚心到如此的地步，怎么会不达到完善的程度呢？

孔子是个好老师，其实他首先是个时时处处学习而且好学不倦、追求自我完善、达到学习最高境界的好学生。因为他首先是个好学生，所以他才能成为一个好老师。

4. 孔子也向弟子学

子夏问曰："'巧笑倩兮，美目盼兮，素以为绚兮。'何谓也？"
子曰："绘事后素。"
曰："礼后乎？"
子曰："起予者商也！始可与言《诗》已矣。"（《论语·八佾》）

子夏："《诗经》中有句诗叫'美人的笑容是多么可人啊，美人的眼睛是多么漂亮啊，黑白分明的眼睛就像洁白的底子上绘上了多彩的花纹。'这是什么意思呢？"

三、与学习恋爱一生

孔子："绘画这样的事情，画完了才显得纯真本色的重要。"

子夏："那么，礼之后呢？"

孔子："卜商启发了我啊，可以与你讨论《诗》了。"

卜商就是子夏，子夏是他的字。这是一个经典的教学相长的案例，孔子在与子夏的对话中受到了启发，因为子夏把《诗经》中对美女的描述和礼联系起来了：既然绘画是用彩色之后，愈加显示出纯真本色的重要，那么礼是否也有这样的作用，也就是人们重视礼之后，更加彰显仁爱的重要呢？孔子这个老师从来不装，不摆架子，受到了子夏启发，就立即对子夏进行了表扬。

孔子很注意向自己的学生学习，这方面另一个经典案例记录在《庄子·大宗师》里。

有一天，颜回见到孔子，说："我又提高了。"

孔子是个好老师

孔子说:"你指的是什么呢?"

颜回说:"我坐忘了。"

孔子听了一惊,急忙问道:"什么叫坐忘?"

颜回说:"忘掉自己的形体,抛弃自己的聪明,摆脱形体和智能的束缚,与大道融通为一,这就叫坐忘。"

孔子说:"与万物混同于一体就没有偏爱了,与万物一起变化就没有偏执了。你果真成了圣人了!我愿意追随在你的身后。"

这个故事是庄子讲的,我们知道庄子爱讲故事,有的故事是真的,有的故事是假的,而这个故事应该是半真半假。至少,这个故事讨论的内容不一定真实,因为孔门师生对话应该不会讨论抛却仁义礼乐而追求坐忘,这不是他们关注的重点。但故事反映出的孔子的好学精神是真的,即使是弟子有超过自己的地方,孔子也会虚心学习。为什么庄子会选颜回来和孔子做这个对话呢?这可能是因为两个原因:一是在《论语》中孔子和颜回似乎都有一些道家的思想色彩,能够安贫乐道,用之则行、舍之则藏;二是在孔门学生中,颜回的悟性是最高的,孔子在与子贡的对话中提及过自己在闻一知十的悟性方面也是不如颜回的(见于《孔门第一"高富帅"——子贡》)。

其实,孔子从来就不否认自己很多地方不如自己的弟子,但他也很清楚他学生们的缺点,并对他们因材施教。《孔子家语·六本》记载:子夏问孔子颜回、子贡、子路和子张的为人。孔子回答说,颜回比他诚信,子贡比他机敏聪慧,子路比他勇敢,子张比他庄重。子夏就斗胆又问,既然如此,夫子怎么就成了他们的老师?孔子回答说,颜回诚信却不懂变通,子贡机敏却不肯委屈自己,子路勇敢却不知退避,子张庄重却不合群。这就是孔子,他充分认识到他学生身上的好的品质,也会向学生学习他们的优点;但同时会看到他们的缺点,教导他们改进。

5. 终身学习的生存方式

子曰:"吾十有五而志于学,三十而立,四十而不惑,五十而知天命,六十而耳顺,七十而从心所欲,不逾矩。"(《论语·为政》)

孔子说:"我从十五岁开始立志做学问;三十岁时自立于社会;四十岁时,有了自己独立的判断力和定力;五十岁时认识到天命,心中充满敬畏与执着;六十岁时,听到什么样的言论都不觉得刺耳;七十岁时,可以随心所欲地待人接物和做事,却不违背礼仪。"这就是孔子在生前对自己人生的一个大概总结,我们今天常用来说,人生各个年龄阶段应该做什么事,应该达到一个什么境界。其实,孔子这话是向我们传达了一个重要的人生观——终身学习。

孔子的一生是学习的一生,他认为人终其一生都要不断地学习。在这样的教学理念的熏陶下,很多孔门学生都一辈子追随孔子学习,孔子在鲁国当大官,他的学生跟着做一下相应的小官;就算离开了孔门也是在不断地学习,有的学生离开孔子后,就像老师一样,做教书育人的工作。孔子喜欢教给学生受用终身的大学问,而不是谋求一时立足于社会的小技艺。

子贡问曰:"有一言可以终身行之者乎?"

子曰:"其恕乎!己所不欲,勿施于人。"(《论语·卫灵公》)

子贡问孔子:"有没有一句话可以作为终身的修养呢?"孔子说:"那大概就是恕吧!自己不想要的,也不要强加给别人。"我们可以看出,孔门弟子问问题很多时候问的是大问题,问的是需要用终身去学习践行的大问题。

学生和孔子的关系是很有趣的,不像现在学生和老师那样简单,而是学习、工作都在一起。孔子在鲁国当大司寇的时候,子路就在季氏家当家宰,原宪就在孔子家当家宰。孔子离开鲁国,周游列国时,弟子们也跟着一起去。孔子到了卫国,卫灵公虽然没有任用孔子做大官,但给孔子的待遇是六万粟,相当于孔子在鲁国当大司寇(相当于现在的公安部长)时的待遇,这个工资

是比较高的。此时,孔子的弟子们就吃大户了,依靠孔子的收入来生活。当孔子被困在陈国和蔡国边界上的时候,没吃没喝,尽管弟子们有些沮丧,但也始终跟在孔子身边,不离不弃。当然,在孔子周游列国的过程中,也有学生因出来做官而离开了孔子,但离开的学生基本上也是在践行孔门之道,坚持学习修身。在孔子逝世后,孔门弟子也谨记孔子教导,坚持学习修身行道。

《史记·仲尼弟子列传》中记载了这样一个故事:

> 孔子卒,原宪遂亡在草泽中。子贡相卫,而结驷连骑,排藜藿入穷阎,过谢原宪。宪摄敝衣冠见子贡。子贡耻之,曰:"夫子岂病乎?"原宪曰:"吾闻之,无财者谓之贫,学道而不能行者谓之病。若宪,贫也,非病也。"子贡惭,不怿而去,终身耻其言之过矣。(《史记·仲尼弟子列传》)

孔子去世后,原宪隐居荒野。子贡当了卫国的丞相,车马成群地来到贫民窟,推开草门来看望原宪。混得如此成功的子贡这么大张旗鼓地来看穷困潦倒的原宪,总让人觉得有什么地方不对劲,有点儿显摆?这可能是子贡没有想周到的地方。子贡可能因为是大官,而且是名人,张扬惯了。要是想来接济老同学,微服私访就可以了,甚至可以做雷锋不留名嘛。他没有站在原宪角度去想这个问题。

原宪不喜欢张扬,心底里厌恶这些,整理了一下自己的破旧衣帽,不卑不亢地出来见子贡。子贡见原宪如此贫穷感到很难为情,他听说原宪穷,没想到这么穷,这下感觉自己做得不太恰当,因为两人的状况对比度太高了。子贡关切地问:"你怎么这么困窘呢?"原宪并没有直接回答这个问题,而是纠正说:"我听夫子说过,没有钱叫贫穷,学了道而不能实行叫做困窘。我现在是贫穷,而不是困窘。"子贡这时越发感到自己做错了事情,感到很惭愧,恨不得找条地缝钻进去,只好悻悻地离开了。这件事也成为了子贡终身悔恨的事。

从这里就可以看出,孔子的离去并不代表他的学说的消亡。贫穷的原宪谨遵孔子"君子忧道不忧贫"的教导,不因穷而感到羞耻。而富贵的子贡因

三、与学习恋爱一生

为一次没有遵循孔子"富而好礼"的教导而惭愧终身。在这个故事中,原宪刚直不阿的骨气令人敬佩,子贡的关爱同学、注重反思的精神更值得学习。而这个故事给我们最重要的启发是学习、修身行道是终身的事,是生命的存在方式。

孔门大师兄子路临死前说的话是"君子死而冠不免",就是说君子死也要死得端端正正。在卫国那场政变中,子路完全是可以避开的。但子路认为,作为一个君子要尽忠职守,不逃避应该承担的责任。最后,子路在被兵器重伤的情况下,还捡起掉在地上的帽子端端正正地戴上,从容就死。可以说,子路自从进入孔门就开始了终身的学道与行道。他已经把孔门的学说当成自己的生命信仰,是终身学习并身体力行的典范。当然,我们可以说子路这样做有些过了。留得青山在,不怕没柴烧,何必一定要殉难呢?但是从另一种角度,我们也可以看到孔子的教育有多么大的力量,居然把一个痞子改造到这种程度。

孔子是个好老师

四、夫子的表扬、批评与调侃

1. 表扬学生有分寸

子谓颜渊曰:"用之则行,舍之则藏,惟我与尔有是夫!"

子路曰:"子行三军,则谁与?"

子曰:"暴虎冯河,死而无悔者,吾不与也。必也临事而惧,好谋而成者也。"(《论语·述而》)

孔子对颜回说:"有人任用,就出来从政行道;没有人任用就离开,只有你和我能这样吧!"

子路说:"老师如果要行军打仗,会带上谁呢?"

孔子说:"空手和老虎搏斗,只身去过大河,死了也不知道后悔,这种人,我是不会带上的。我要带的人一定要能遇到事情感到害怕,仔细谋划,把事情做成的人。"

这让我们想起了《三国演义》中曹操与刘备青梅煮酒论英雄时,曹操对刘备说:"天下英雄,唯使君与操耳。"在这里,孔子对颜回的表扬似乎有些过了头,但这个场合应该是和其他学生在一起,尤其是喜欢逞个人之勇的子路肯定在场。孔子表扬颜回的目的,似乎就是为了批评子路,或者说是为了敲打子路,想让子路认识到自己的缺点,改改他那遇事冲动、胆子过大、缺少谋略和缺乏自我节制的坏毛病。孔子这样旁敲侧击,是有独到用心的。

夫子的表扬、批评与调侃

 孔子是个好老师

作为老师的孔子喜欢表扬学生,但是很有分寸。孔子表扬得最多的是颜回,关于颜回的为人在前面已经单独提过,我们主要来看看他对其他学生的表扬。孔子表扬过闵子骞,《论语·先进》记载:

鲁人为长府。闵子骞曰:"仍旧贯,如之何?何必改作?"

子曰:"夫人不言,言必有中。"(《论语·先进》)

鲁国打算翻修叫长府的金库。闵子骞说:"照着老样子下去怎么样?"孔子说:"这个人平时不大说话,一说便很中肯。"闵子骞就是我们前面说到过的那个大孝子,他在孔门里比较沉默,基本不问孔子问题。但这个人性格内向,稳重大方,办事周到,情操高尚。前面我们讲到闵子骞是一个很孝顺的人,孔子对于闵子骞的孝顺也是大加赞扬。在孔门众多弟子中,孔子对于闵子骞的评价很高,且没有批评过他。

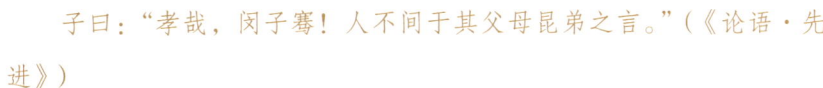

四、夫子的表扬、批评与调侃

子曰:"孝哉,闵子骞!人不间于其父母昆弟之言。"(《论语·先进》)

孔子说:"闵子骞真是孝顺啊!因为他的孝行,人们没有批评他父母兄弟的言论。"我们在前面讲了,闵子骞的后母曾经虐待他,而优待自己的亲生儿子。这件事被闵子骞的父亲知道了,闵子骞转而为后母求情。孔子对闵子骞的孝顺赞扬有加,因为孔子本人就是很注重孝悌的。孔子三岁丧父,17岁丧母,对父母之爱很是看重。孝顺父母是孔子提倡的一种重要品德,也是中华民族的传统美德。一个不孝顺父母的人,很难想象他有多大的爱心,能够为社会做出多大的贡献,如何为人民服务,等等。

孔子对学生表扬多于批评,但是对子路基本上是批评,因为子路的缺点过于明显,需要严格矫正。那么孔子表扬过子路吗?表扬过,不过只有两次。我们来看一个孔子本来是批评子路,但又反过来表扬子路的故事。

子曰:"由之瑟奚为于丘之门?"门人不敬子路。

子曰:"由也升堂矣,未入于室也。"(《论语·先进》)

孔子说:"仲由弹瑟,为什么要在我这里弹呢?"这里说的仲由,是子路的名字,子路是仲由的字。看来孔子不觉得子路在自己门前弹琴是一种享受,可能有点觉得是噪音。孔门的师兄弟们因此就瞧不起子路。孔子看来意识到了这样说的负面效果,又补充说:"仲由嘛,已经升堂了,只是还没入室而已。"我们现在用的成语升堂入室(也叫做登堂入室)就是从这里来的。

孔子是酷爱音乐的,在他讲学的时候,经常有弟子在旁边弹琴,孔子的教室里就放置了琴。孔子的音乐评论也很专业。他为什么评价子路弹琴的水平登堂而没有入室呢?这是因为子路是个粗人,他弹奏琴瑟过于粗狂,甚至有杀气。《孔子家语·辨乐》和《说苑·修文》中均记载子路鼓瑟有"北鄙之声"。也就是说,子路弹奏瑟这种乐器的时候,发出来的是北方粗野低俗的声音,这不符合孔门的要求,因为孔子是利用琴瑟来修身养性,培育学生温文尔雅的君子品格的。子路的琴声没有君子的风格,所以孔子批评他不够格在教室和别人门前弹奏,可以回家自己弹。

孔子是个好老师

但孔子意识到，师兄弟们如果因孔子这样评价而不尊敬子路就麻烦了，子路可是孔门大师兄啊，只比孔子小九岁。不敬长在孔子看来，又是失礼。孔子就做了表扬的补救，说子路还是可以滴，还需要更努力就行了。当然，这里的登堂入室，既是指子路的学问有待精进，更是指子路的性格有待改善。同时很重要的一点是，孔子肯定了子路进入孔门后，在不断调教下，性格改变了很多，连弹琴都有了变化。

孔子在这里是很照顾子路的情绪的，后半句的表扬在很大程度上是为了维护子路在众弟子中大师兄的面子。每个学生都有很强的自尊心，作为老师，要注意每一个学生的心理承受能力。尤其不能当着众多人的面严厉地批评一个学生，这会使得这个学生颜面扫地，失去和同学交往的信心，甚至变得自卑自闭。所以，批评一个学生，尽量在私下或者小范围的人群中开展，而且还要适当肯定他的优点和进步之处。而表扬一个学生时，要在大范围内公开表扬。学生做得不好的地方固然要批评，学生做得好的地方，也一定要表扬。要让学生时刻在老师那里找到存在感，找到时刻被关注的感觉。

2. 批评学生看言行

> 宰予昼寝。
> 子曰："朽木不可雕也，粪土之墙不可圬也；于予与何诛？"
> 子曰："始吾于人也，听其言而信其行；今吾于人也，听其言而观其行。于予与改是。"（《论语·公冶长》）

孔子批评学生，最难听的一次是针对宰我（宰予，字子我，又称宰我）的。宰我学习偷懒，白天睡大觉，孔子骂道："腐朽的木头没法雕刻，用污秽的泥土砌成的墙壁没法粉刷。对于宰我，还有什么可责备的？"孔子这样说了还没完，又说道："以前我是听到别人的话就相信别人的行为，现在我看人，既要听他怎么说，还要看他怎么做。是宰我让我有了这种态度的改变。"我们

四、夫子的表扬、批评与调侃

读到这个情节时,总觉得孔子批评得有点儿过了,学生白天睡了个觉,怎么就被孔子骂得狗血淋头。很多人读了《论语》之后,对宰予这个孔门弟子印象深刻,一个重要原因就是读过这段孔子对他的经典咒骂。"朽木不可雕也"这句话也成为后世老师文绉绉地骂学生的常用表述。宰我是孔门十哲中的言语科,可能是因为他在孔子面前把话说得很圆、很漂亮,作为核心学生本应该说到做到,在学习上带好头。但宰予说得好听,做得差劲,所以被孔子痛骂了。

当然,孔子骂宰予这个故事是最出名的,然而却不是最狠的。孔子最狠的一次是对冉求的批评,在这次批评中,孔子在弟子面前公开宣称,把冉求逐出师门,弟子们可以见到他,就可以大张旗鼓地打他。

季氏富于周公,而求也为之聚敛而附益之。

子曰:"非吾徒也。小子鸣鼓而攻之可也。"(《论语·先进》)

季氏比周朝的公侯还要富有,冉求却帮助季氏搜刮民脂民膏,使季氏更加富有。孔子说:"冉求已经不再是我的学生了,你们这些学生可以大张旗鼓地攻击他。"这件事发生在孔子晚年周游列国回到鲁国后。孔子能体面地回到鲁国并被尊为国老,冉求起了很大作用。《孔子家语·正解论》里记载:当时,鲁国的执政季康子想以井田为单位征税赋税。他派人征求孔子的意见,孔子说自己不懂。他就派冉求去征求孔子的意见,孔子还是没有给出意见。但孔子私下跟冉求说,君子的行为要符合礼,做事要把握分寸,征收赋税要尽量轻。孔子一直是主张恢复周礼的,如果季康子要按照礼法行事又何必咨询他?然而,冉求显然没有听进老师的话。或者说他明明知道孔子主张仁政爱民,轻徭薄赋,但冉求依然要为自己的上司服务,帮助季氏敛财。

孔子也是主张"食君之禄,忠君之事"的,但有一个更重要的原则,那就是"以道事君,不可则止"。孔子是不主张殉道的,他认为道就是仁爱之道,是刚强的,更是柔和的。如果每个大臣都能做到"以道事君,不可则止",君王就是想为恶也没有力量,因为君王一旦想为恶,手下的人就离开

 孔子是个好老师

了,就没人可用了。孔子对冉求的才能是很赞许的,但冉求这个人只能算孔子所说的具臣,而不能称之为大臣。因为大臣是要坚守自己的道义,而具臣是不顾道义,为上司服务,只是不会干大逆不道的事而已。用我们现在的话说,大臣是有底线的,突破底线的事坚决不干,就算丢官也不干。冉求做不到这一点儿,孔子痛骂冉求也是希望他能回头是岸,做一个有底线的大臣。孔子先前就对冉求这种不能彻底坚持道义的行为进行过批评。

冉求曰:"非不说子之道,力不足也。"

子曰:"力不足者,中道而废。今女画。"(《论语·雍也》)

冉求说:"我不是不喜欢老师的学问,只是自己的力量不足啊!"孔子说:"如果是力量不足,可能走到半路就不得不停下来,然而现在是你还没走就自己止步不前了,自己给自己设定一个范围。"("说"通"悦",喜欢的意思。"女"通"汝",人称代词,你。"画"通"划",划定界限的意思。)冉求可能是觉得孔子的道过于高大上,所以曾经表达过这样的意思:不是自己不喜欢老师的学问啊,是自己的力量达不到。孔子一听就很生气,批评冉求是自己给自己设定界限,自我要求标准过低。其实,很多事情都没有那么难,就看你定的目标有多高。很多事情没有做成,往往因为没有信心,不是因为望而生畏地退却了,就是做到一半坚持不下去了。

宰我和冉求都是孔子的得意门生,可是孔子对于他们不够诚信和不能行道的行为的批评是非常严厉的。前面讲孔子批评子路是为了让子路能改掉身上好勇莽撞的毛病,孔子严厉批评宰我和冉求同样是希望宰我能够言行一致,希望冉求能够时刻践行道义。

孔子为什么会骂人?而且言语如此尖刻不留余地?我们看了孔子对学生的批评,貌似孔子是在进行语言暴力。这是因为孔子认为他们的行为低于做人、做事的底线,对这种行为不能靠一般的说服教育,而是要严厉地加以矫正。

现实教学中,老师对学生的批评一定要就事论事,避免人身攻击。

这里可以澄清一点儿的是,孔子对于宰我和冉有的表扬远远多于对他们

四、夫子的表扬、批评与调侃

的批评。此外，孔子对于他们的批评主要是针对他们的言行，而且只是在师门内部批评的。很多时候，别人问孔子他的各个学生怎么样时，他都是只说这个学生有什么优点。

3. 调侃学生有艺术

　　子之武城，闻弦歌之声。
　　夫子莞尔而笑，曰："割鸡焉用牛刀？"
　　子游对曰："昔者偃也闻诸夫子曰：'君子学道则爱人，小人学道则易使也。'"
　　子曰："二三子！偃之言是也。前言戏之耳。"（《论语·阳货》）

　　孔子来到武城，听到琴、瑟并歌唱《诗》的声音。孔子微笑说："杀鸡哪里用得着牛刀呢？"子游回答说："过去我听老师您说'君子学习了礼乐文化就会仁爱，百姓学习了这些就会变得容易听从政令。'"孔子于是说："学生们，子游说得对，我前面说的话是和子游开玩笑而已。"当子游指出自己的问题时，孔子马上说是自己前面开了玩笑，子游说得对。

　　大家知道，孔子经常和学生开一些玩笑，其中有些玩笑也是半真半假，别有寓意的。孔子的这个玩笑就是如此。其实，孔子可能真是觉得子游小题大做了，但对礼乐的小题大做总比不做好，所以孔子否定了自己观点。孔子调侃子游的这个经典片段总是让

 孔子是个好老师

人百读不厌,我们一方面可以看到学生对老师学问的信奉,另一方面可以看出孔子的可爱与可敬。

从这些玩笑中我们可以体会出孔门融洽的师生关系。孔子被尊称为万世师表,绝不仅仅是因为他的教学理念和教学方式,他跟学生之间建立起融洽的师生情谊更是我们现代教师学习的楷模。孔子偶尔还会与弟子相互调侃,跟孔子相互调侃得比较多的学生一定是孔子非常喜欢又很通达的学生,在孔门里子贡应该属于此类。

子贡曰:"有美玉于斯,韫椟(音韵堵)而藏诸?求善贾而沽诸?"

子曰:"沽之哉!沽之哉!我待贾者也。"(《论语·子罕》)

子贡说:"这里有一块美玉,您是把它放在匣子里收藏起来呢,还是找识货的商人卖出去呢?"孔子说:"卖出去!卖出去吧!我等待识货的商人。"子贡本是要问孔子是不是想出来做官,但直接这样问是比较唐突的,子贡就以玉来做比喻。孔子一听就听出了子贡此话的弦外之音,说自己是待价而沽,是想出来做官的,但在等待圣明的君主。前面我们说子贡是一个通达的人,是一个成功的商人,他更是一个会说话的人。我想,孔子听到这个问题时,内心有一种找到知音的感觉。所谓知音,就是你说的话,我听得懂;我说的话,你听得懂。更高境界的知音就是,我说的话,只有你听得懂;你说的话,只有我听得懂。子贡和孔子之间对话就有这种知音的感觉,总是充满智慧与温馨。

子贡方人。

子曰:"赐也贤乎哉?夫我则不暇。"(《论语·宪问》)

子贡喜欢评论别人的长短。孔子说:"子贡你就比别人贤能吗?我是没那工夫去说长道短。"方人就是比较人、评论人。我们知道,子贡这个人口才好,很聪明。老子曾经告诫孔子不要评论别人、不要揭人短,孔子牢记在心,不做这种事,自己的得意门生有这毛病,孔子得敲打敲打。

孔子批评过子路,表扬过子路,其实孔子还调侃过子路。而且,这次孔子似乎不是顺便调侃,而是一次有意的调侃。

四、夫子的表扬、批评与调侃

子曰:"道不行,乘桴(音服)浮于海。从我者,其由与?"

子路闻之喜。

子曰:"由也好勇过我,无所取材。"(《论语·公冶长》)

孔子说:"如果我的学说真推行不了,我就乘着木筏漂流到海外去,跟随我的,恐怕只有仲由吧!"仲由就是子路。子路听了很高兴。孔子就又说:"仲由过于勇敢了,这样的勇敢是不足取的。"这段对话很有意思,孔子说漂洋过海跟随他的恐怕只有子路,体现出他对子路的信任和子路对孔子一贯的忠诚。子路虽然有时顶撞孔子,但这个孔门大师兄对师门的忠诚度是毋庸置疑的。孔子一见子路听到表扬很得瑟,就马上调侃敲打他说:"可惜子路过于勇敢,没什么用。"孔子似乎是知道子路会有什么表现,紧接着就去敲打他。

孔门师生的这些调侃非常有意思,调侃不仅融洽了师生关系,还让学生在调侃中受到了教育。我们看到,孔子的调侃是非常有艺术的。一是,自己有过头的地方及时主动承认,不但无损老师权威,也让学生有了很大的满足感,孔子调侃子游时就是这样。二是,通达的学生与自己打哑谜时,可以用打哑谜的方式回答,双方意会即可。这样可增强师生间的默契感,孔子和子贡之间的哑谜就是这样。三是,对于有毛病的学生,在肯定他的优点的同时进行适当调侃敲打,帮助学生改掉毛病,孔子调侃子路就是这样。

当然,玩笑不能乱开。有一个词叫"师道尊严",一个老师如果跟学生乱开玩笑,他的师道尊严也会荡然无存。老师跟学生开玩笑需要注意几个问题:一是开玩笑的对象问题。这个学生是尊重老师的,听得懂玩笑,爱听玩笑,被老师调侃之后往往更敬重老师,喜欢老师。二是开玩笑的内容问题。开玩笑的内容要高雅有趣,最好跟学生的成长进步有关。老师如果开低俗的玩笑,很容易把学生带得低俗。三是开玩笑的频率问题。开玩笑不可过频,只能是偶尔。老开玩笑的老师会给人"不正经"的感觉,一个不正经的老师很难得到持久的尊敬。孔子在这方面就把握得很好。

孔子是个好老师

4. 其实都是好学生

孟武伯问:"子路仁乎?"

子曰:"不知也。"又问。

子曰:"由也,千乘之国,可使治其赋也,不知其仁也。"

"求也何如?"

子曰:"求也,千室之邑,百乘之家,可使为之宰也,不知其仁也。"

"赤也何如?"

子曰:"赤也,束带立于朝,可使与宾客言也,不知其仁也。"(《论语·公冶长》)

四、夫子的表扬、批评与调侃

孔子强调仁者爱人,仁爱是孔子主张中的核心概念,他经常用这个概念来评价人。有个叫做孟武伯的鲁国的权贵人物,就拿这个概念来问孔子对于孔门学生的评价。

孟武伯:"子路称得上仁者吗?"

孔子:"不知道。"孟武伯又问:他怎么算不上呢?

孔子:"子路(仲由)这个人本事是有的,如果有一个拥有千辆兵车的大国,可以让他去管理军政,但我不知道他是不是仁者。"

孟武伯:"冉求怎么样呢?"

孔子:"冉求这个人,一个千户的大邑,一个拥有百辆兵车的大夫封地,可以让他去当总管,但我不知道他是不是仁者。"

孟武伯:"公西华怎么样?"

孔子:"公西华这个人,穿上礼服,站在朝堂之上,可以让他接待宾客,但是我不知道他是不是仁者。"

孔子对于评价一个人是不是仁者,标准是很严格的。孟武伯向孔子询问他对孔门三个弟子的评价,孔子虽然没有肯定子路、冉求和公西华(公西赤,字子华,因此也叫公西华)这三个弟子是仁者,但对于他们的从政才能给予了充分的肯定。尽管上文写过,孔子曾对子路和冉求的批评非常尖刻,但对于他们的才能还是充分肯定的。不过孔子的评价还是有很大回旋余地的,既没有肯定他们是仁者,也没有说他们不是仁者,而是说我不知道他们是不是仁者。为什么?因为人是变化的,尤其是在孔子的教育下,他们每一个人都有了很大的变化,所以孔子作为老师才有这样的回答。

孔门弟子其实都是很优秀的,孔门弟子三千,精通六艺的人就有七十二人。什么是六艺呢?这是周朝对官学教育内容的分科,就像现代的数学、语文、物理、化学和英语等一样,周朝的公办官学要求学生掌握的六种基本才能:礼、乐、射、御、书、数。春秋时期孔子开私学,也说教授新的六艺,也就是《易》《书》《诗》《礼》《乐》《春秋》。不管哪种,所谓七十二贤人,

 孔子是个好老师

首先都是六科都很优秀的学生。但是孔子尽管开的课比较多,不过培养人还是有所侧重的,他针对他们的特点,因材施教,扬长补短,培养出各种不同的人才。

那么,孔子有没有看错过学生呢?有,而且孔子表示很后悔。

子游为武城宰。

子曰:"女得人焉耳乎?"

曰:"有澹台灭明者,行不由径,非公事,未尝至于偃之室也。"(《论语·雍也》)

孔子的学生子游在任武城主管的时候,孔子去考察弟子的政绩,觉得子游干得还不错,就问他一个问题:"你求得了人才没有啊?"子游说:"有个叫澹台灭明的人,做事光明磊落,行事走正道而不走小道,不是因为公事,从不到我屋子里。"于是,在子游推荐下,澹台灭明就成为孔门弟子。

澹台灭明,字子羽。这个人长得不怎么样,比较丑,孔子可能是看着很不舒服,想当然地认为这个人的资质如同他的相貌,比较低下,对这个学生有些怠慢。我们在第一章里讲了,孔子自己长得也算不帅啊,应该不属于只看脸蛋、身材的"外貌协会"成员。可是孔子竟然会因为外貌而冷落了澹台灭明,可能澹台灭明长得不是一般的丑,在丑人里面可能也是出类拔萃的。不过人不可貌相,澹台灭明虽然天生的相貌差点儿,但他能发愤图强,不走旁门左道,专心学问,如果没有公事,就不去见卿大夫这样的大官去拉关系、投机取巧。他后来南渡到长江,跟着他求学的学生多达三百人,人气很旺,粉丝很多,而且因为品行端正,当时那些大小国家的领导人(诸侯)大多都知道他。孔子以会看人著称,居然对这个学生看走眼了,而且犯以貌取人的错误,确实应该不好意思。所以孔子听了这件事后很后悔,做了自我批评:

吾以言取人,失之宰予;以貌取人,失之子羽。(《史记·仲尼子弟列传》)

孔子说,我简单地从说话判断人,看错了宰我(这个人也叫宰予);从长相看人,看错了子羽(澹台灭明的字)。孔子由看错澹台灭明,又联想到看错

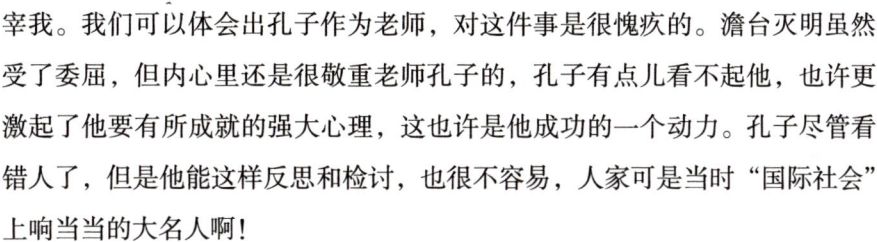

四、夫子的表扬、批评与调侃

宰我。我们可以体会出孔子作为老师，对这件事是很愧疚的。澹台灭明虽然受了委屈，但内心里还是很敬重老师孔子的，孔子有点儿看不起他，也许更激起了他要有所成就的强大心理，这也许是他成功的一个动力。孔子尽管看错人了，但是他能这样反思和检讨，也很不容易，人家可是当时"国际社会"上响当当的大名人啊！

其实，孔子对年轻人是充满敬畏的。在孔子看来，年轻就是资本，年轻有无限的可能性。

子曰："后生可畏，焉知来者之不如今也？四十、五十而无闻焉，斯亦不足畏也已。"（《论语·子罕》）

孔子说："年轻人是令人敬畏的，怎么能断定他们将来的成就赶不上现在的中年人呢？但如果一个人到了四五十岁还是没有什么声望，那也就没有什么好敬畏的了。"孔子说这个既是对自己学生的鼓励与肯定，也是对他们的鞭策，激励他们充分利用年轻的资本，掌握好各种本领，以便将来发挥大的作用。这也是孔子告诫我们要及早勤学的箴言吧，不要因为少壮时的不努力，导致年老时的徒伤悲。

老师能否把学生教好，很重要一点是你和学生之间形成一种什么样的师生关系。孔老师当时在社会上是很知名的，想跟随他学习的学生很多，但是孔老师并没有因为成为名师而端起架子，对学生灌输式教育，而是大家很平等，亦师亦友，谈笑风生。这样的关系，比今天的师生关系如何呢？

孔子是个好老师

五、孔门教人做君子

1. 学做君子儒

> 子谓子夏曰:"女为君子儒,无为小人儒!"(《论语·雍也》)

孔子对学生子夏说:"你要做一个君子型的知识分子,不要做一个小人型的知识分子。"这也就道明了孔子教育学生的目的是教人做君子,而不仅仅是传授知识。

我们今天也经常用君子和小人这两个概念,称赞德行好的人为君子,批评德行差的人叫小人。其实,说某人是小人,基本就是骂人。但在孔子时代,称某人是君子,一般不是指这个人道德高尚;叫某人为小人,别人也没有被辱骂的感觉。孔子时代,君子本是指统治阶层,是国家的管理者,相当于今天我们所说的领导干部。我们今天的领导干部分为科级、处级、局级、部级等,孔子时代,君子分为士、大夫、诸侯、天子等。不过,那个时代,只有君子才能当国家管理者。也就是说,你要想当官,你最低得是士人出身。当然,在孔子时代,这种严格的出身制度已经在逐渐衰落。

历史上有些概念会出现转义——原来指这个意思,后来变成了那个意思。也就是从孔子开始,君子这个词出现了转义,本来专指社会地位的词,又被赋予了道德涵义,把有道德层次的人叫做君子。在这种转义的过程中,孔子和孔门起了重要作用。在《论语》中,孔子对君子、小人的概念做了道德引

孔门教人做君子

 孔子是个好老师

申,时常在道德意义上使用。有时君子的概念是指从政者,小人是指平民;但更多的时候君子就是指道德高尚的人,小人是指道德卑劣者。也有时候,君子是指有德的从政者,小人是指无德的平民。

孔子为什么对子夏说这句话呢?我们这里先根据《孔子家语·七十二弟子解》来对子夏这个孔门学生做一点儿介绍:他的大名叫卜商,字叫做子夏,是卫国人。跟孔子读书的时候年龄不太大,比孔子小44岁。在学习上,对于《诗》很熟悉,精通诗义,以擅长古籍文献而闻名。子夏为人性格不像现在东北人那样宏阔豪放,有点像南方学者,喜欢谈论精微的问题。

子夏有一次回到老家卫国,发现读史志的人念道:"晋师伐秦,三豕渡河。"这话什么意思?晋国的军队去打秦国,三只猪过河。真是有点幽默,驴唇不对马嘴。可是人家史志上就这么写的,念的人也就这样念了。子夏研究问题精细得很,认为这显然有问题,而且他确认是写错了。子夏说:"这是不对的,'三豕'应该是'己亥'。"读史志的人就去请教晋国史官,史官果然回答是"己亥"。

古代是很重视历史的,这是一个比较重要的史实问题,被子夏一听就发现了问题,给更正过来了。因为这么一件事,卫国人都把子夏当圣人。孔子去世后,子夏在河西一带教学,连魏文侯都拜他为老师,向他咨询国家治理之道。子夏后来成大才了,担任王侯的老师,这也算是做学问做到很高成就的了。但是子夏有个毛病就是爱抠小学问,孔子担心子夏陷入钻研小道理甚至技艺而不可自拔,担心他的格局太小,所以才跟子夏讲要做君子儒。

孔子教学生做君子,是成就大人之学,不是教一般的某个方面的谋生技巧。孔子办的学校相当于现代的综合性大学,出来之后要走向各个领域的领导岗位。而学习某一项专门的技术,这些小民之技孔子是不教的。我们来看一个关于孔门教授君子之学而不教授谋生技巧的经典案例。

樊迟请学稼。子曰:"吾不如老农。"

请学为圃。曰:"吾不如老圃。"

樊迟出,子曰:"小人哉,樊须也!上好礼,则民莫敢不敬;上好义,

五、孔门教人做君子

则民莫敢不服；上好信，则民莫敢不用情。夫如是，则四方之民襁负其子而至矣，焉用稼？"（《论语·子路》）

樊迟向孔子请教怎么种庄稼。孔子说："我不如老农。"

樊迟又请教怎么种菜。孔子说："我不如菜农。"

樊迟退出后，孔子说："樊迟真是个当老百姓的料。身居上位的人只要重视礼，老百姓就不敢不敬畏；只要重视诚信，老百姓就不敢不用真心实情来对待。要是做到这样，四面八方的老百姓就会背着自己的小孩来投奔，哪里用得着自己去种庄稼呢？"

樊迟本来叫樊须。因为姓樊名须，字子迟，所以也叫樊迟。他比孔子小36岁，农民出身，在没有拜孔子为师之前，已经在孔子的学生中任鲁国季氏家臣的冉求的手下任职。樊迟这个人有勇有谋，齐国军队攻打鲁国的时候，曾经跟随冉求作战，并且提出过很重要的建议，致使鲁国军队大获全胜。这个学生人其实很聪明，但是有一次好像没动脑子，或者是因为当过农民对种植太着迷了，可能也是觉得孔子是万能的吧，居然去问孔子怎么种庄稼种菜。孔子可是大学问家啊，你问学问可以，哪能去问他这样的问题呢？而且先问种庄稼，人家不回答，你就别问了，接着还问种菜，这不是脑子出问题了吗？遇到这样的学生，哪个老师不生气？不过孔子当面好像还没表现出不高兴，只是他走之后向同学们发了一番感叹。

这个小故事里，孔子清楚地阐明了为什么不教平民之学的原因，他办学的目的，是想让自己的弟子都能成为领导者，成为民风教化者。

子曰："君子谋道不谋食。耕也，馁在其中矣；学也，禄在其中矣。君子忧道不忧贫。"（《论语·卫灵公》）

孔子说："君子谋求道，而不是谋求穿衣吃饭。耕种，有时也会吃不饱；学习，国家给的工资就在里面。君子要处心积虑地想着道能不能得到推行，而不是担心吃不上饭。"孔子这话说得更明确了，耕地是老百姓干的事，孔子教学生就是教他们怎么成为领导者，成为管理国家的人才，做君子应该做的事。

孔子是个好老师

过去有人批评孔子轻视体力劳动者。其实这种批评没有道理。如果我们现在有大学生去问北大校长如何种庄稼种菜，校长说这不像北大培养的人才，那么就是看不起农民吗？问题是这不是你要培养的人。人家孔子看到了在礼坏乐崩的社会里，培养优秀的从政人才才是挽救国家社会之道，因此他给自己办的学校做了明确定位，结果来了个学生问他怎么干农活，孔老师能不郁闷吗？他没气得说不出来话就是很有修养了。

2. 孔子教什么

> 子曰："小子何莫学夫《诗》？诗，可以兴，可以观，可以群，可以怨。迩之事父，远之事君；多识于鸟兽草木之名。"（《论语·阳货》）

孔子说："同学们，为什么不学《诗》呢？《诗》可以激发人的情感，可以观照社会生活，可以促进人们团结，可以表达哀怨、不满。近到可以明白如何侍奉父母，远到可以明白如何侍奉君主，还可以认识一些鸟兽草木的名字。"这里说的"兴"，指诗歌能引起读者精神的感动与奋发，就比如我们读到"关关雎鸠，在河之洲"时就撩发起亲近伴侣的情感。这里说的"观"，是指诗歌可使人观察社会生活、政治风俗的盛衰得失。因为《诗》的风格可以反映一个地区人的精神风貌。这里的"群"是个动词，指诗歌可以在特定的人群中引起思想交融，相互感染，从而使人能够更好地在一起相处。我们有时候单位搞联欢会要唱歌，为的是营造氛围，促进团结。孔子删定的《诗》也是可以唱的，就可以达到"群"的功效。这里的"怨"，指诗歌既可以表达自己复杂的个人情感，还可以对不良政治状况表达不满，来促进情感交流和政治清明。

孔子从一部《诗》经里，看到能起到这样一系列作用，可以看出他在教育上不是简单地灌输道理，急功近利，而是很注意诗和音乐等等这种潜移默化的作用，润物细无声。

五、孔门教人做君子

孔子教人做君子,就是要教人成为一个道德高尚的人,一个才能出众的人,一个能引领世风的人。最好能从政,实行仁政,恢复礼乐文明,用周礼治理国家。我们都知道六艺:礼、乐、射、御、书、数,即礼仪、音乐、射箭、驾马、文学、算术。这六艺是古代从政者必须修习的内容,相当于当时公务员考试的六门课程。这六艺又被称为"小六艺",因为孔门除了研习小六艺外,还研习另外六艺,也叫"大六艺",或者叫"孔门六艺"。"孔门六艺"就是孔子开私学的儒学六经,即《易》《书》《诗》《礼》《乐》《春秋》。"小六艺"是培养君子的人格和技能,而"大六艺"是培养君子的仁爱情怀和安邦治国、心怀天下的精神。我们来看看孔子在《论语·季氏》里对学《诗》和学《礼》的一些论述。

  陈亢问于伯鱼曰:"子亦有异闻乎?"

  对曰:"未也。尝独立,鲤趋而过庭。曰:'学《诗》乎?'对曰:'未也。''不学《诗》,无以言。'鲤退而学《诗》。他日,又独立,鲤趋而过庭。曰:'学礼乎?'对曰:'未也。''不学礼,无以立。'鲤退而学礼。闻斯二者。"

  陈亢退而喜曰:"问一得三:闻《诗》,闻礼,又闻君子之远其子也。"(《论语·季氏》)

有一次,孔子的一个粉丝陈亢问孔子的儿子伯鱼:"你在孔夫子那里有没有听到什么特别的教诲啊?"

孔鲤说:"没有啊。有一次,孔子独立站在堂上,我快步从屋子中间走过去,他叫住我问:'学《诗》了吗?'我回答说:'没有。'他说:'不学《诗》,说话就不得体。'我回去后就学《诗》。又有一天,他又站在堂上,我快步走过屋子中间时又被他叫住:'学《礼》了吗?'我回答说:'没有。'他说:'不学礼,就不懂得怎么安身立命。'我回去后就学《礼》。我就听到过这两件事。"

陈亢回去高兴地说:"我提了一个问题,得到了三方面的收获,知道了学

《诗》、学《礼》的道理,还知道了君子不偏爱自己儿子的道理。"

从这段有趣的对话中,我们不仅可以看出孔子对学生是倾囊相授的,并没有给自己的儿子吃小灶,而且更可以看出,孔子对于学习《诗》《礼》的重视。

孔子不是整天给学生灌输,而是因材施教,对于不同学生的同一问题往往给出不同的回答,而且是在学生对问题思考的基础上加以点拨。所以如果孔门子弟不清楚孔门的教育方法,就容易弄不明白,认为孔子教学生是有所保留的。

> 子曰:"二三子以我为隐乎?吾无隐乎尔。吾无行而不与二三子者,是丘也。"(《论语·述而》)

孔子说:"你们这些学生认为我的教学有所隐瞒吗?我对你们是毫无隐瞒、毫无保留的。我没什么知识是不对你们公开的,这就是你们老师孔丘啊。"这里,孔子就向他的学生坦诚,自己是没有留一手的。

孔门教育的内容对于中国教育的发展,甚至整个社会的发展都产生了深远的影响。孔门教育重视修身立德、重视国家治理与社会教化,这些很有利于社会的稳定发展。然而,后来我们的社会把孔门的教育当作了唯一的模式,把孔门的教育目标当作了学校培养人才的唯一方向,不重视技能教育,不重视严谨的科学思维等等,也导致了教育偏差。

3. 孔子为什么避谈鬼神

> 子不语怪、力、乱、神。(《论语·述而》)

孔子对这类东西向来就是不去讨论,不说它们。你就有没有鬼神这类问题问孔子,人家孔子不和你谈这些,这是他对待这些问题的基本态度。

我们知道,儒家是讲究祭祀的,祭祀就是祭拜已经死去的人。既然孔子

五、孔门教人做君子

主张祭拜已经死去的人，孔子是不是也就相信鬼神呢？

> 季路问事鬼神。
>
> 子曰："未能事人，焉能事鬼？"
>
> 曰："敢问死。"
>
> 曰："未知生，焉知死？"（《论语·先进》）

知道孔子不喜欢谈鬼神，一般学生是不太提这个话茬儿的，但是子路不管这个。子路有一天，就问了这个问题。子路问："怎么侍奉鬼神呢？"孔子说："活人还没能服侍好，怎么就去服侍鬼神呢？"子路又问："我想再斗胆问问，死是怎么回事？"孔子又说："生的道理还没弄明白，怎么能弄懂死呢？"看来孔子这次又采取了避而不答的策略。

孔子为什么要回避这个问题呢？是孔子对这个问题没有思考过，还是说孔子对鬼神半信半疑？鬼神的问题，不仅子路问过，子贡也问过。

> 子贡问于孔子曰："死者有知乎？将无知乎？"
>
> 子曰："吾欲言死之无知，将恐孝子顺孙妨生以送死；吾欲言死之无知，将恐不孝之子弃其亲而不葬。赐欲知死者有知与无知，非今之急，后自知之。"（《孔子家语·致思》）

子贡有一次问孔子："人死之后，是有知觉呢，还是没知觉呢？"孔子说："我想说死人有知觉，却担心孝顺子孙伤害自己的生命去追随死者；我想说死人没有知觉，又担心不孝子孙遗弃亲人而不埋葬。子贡啊，你想知道人死后有没有知觉，这不是现在要着急解决的问题，以后你自然会知道。"这里，孔子谈论了不管是说人死后有没有知觉，也就是承认有没有鬼神，对现实的社会都是没有好处的。孔子给子贡的答案，跟给子路的是一致的：回避。不过，在子贡这里孔子讲了不谈的社会效果的原因。

其实，还有一个孔门弟子问过鬼神的事，这次孔子给出了明确的回答。宰我这个学生口才好，善于问问题，而且喜欢打破砂锅问到底。孔子可能是基于宰我的这个特性给出了明确的回答。《孔子家语·哀公问政》里记载：

> 宰我："我听说过鬼神这两个名词，却不知道它们是指什么，想请教一下

孔子是个好老师

老师您。"

孔子:"人一生下来就有气有魄,气是人生命力充盈的表现;魄是鬼充盈的表现。人有生就有死,死后入土就叫做鬼;魂魄升到天上就是神。把鬼神合起来祭祀,这就是极致的教化。……教导人们追怀祖宗,不敢忘本。人们信服了这种鬼神祭祀,能够很快地听从教化。"

通过这段对话,我们可以看出,孔子承认鬼神的存在,但并没有重点谈鬼神如何,而是要发挥鬼神在教化上的作用。但孔子也不想因为鬼神之事影响民众正常的生产生活。所以孔子是主张敬鬼神而远之,别整天鬼呀神呀地,而是别太在意。但是在祭祀问题上,要郑重其事,祭祀祖先的时候就当祖先的灵魂是存在的,祭拜神灵时就当神灵是存在的(祭如在,祭神如神在。《论语·八佾》)。

鬼神问题是一个重要的宗教问题,孔子对于鬼神问题的看法是非常高明的。孔子不谈鬼神,是要淡化重视鬼神对现实社会的负面影响,

但是他又没有否定鬼神的存在,正是为了利用鬼神祭祀的作用来教化民风,导人向善。孔子承认鬼神的存在,与其说是承认存在超越六合之外的神秘力量,不如说是为了发挥鬼神的教化作用,重视它的文化功能。鬼神的教化作用要通过对鬼神祭祀来实现,孔子没有强调鬼神的神秘力量,但非常重视鬼神祭祀。孔子对于鬼神祭祀是很慎重的,既要敬重鬼神,又不迷信鬼神。

孔子非常重视鬼神祭祀的道德文化的教化作用,但孔子知道仅仅靠鬼神祭祀来教化民风是不够的。实际上,孔子反对过分依赖鬼神,什么事都求助于鬼神。孔子不赞成三种不当祭祀鬼神的行为。

一种是没有诚意的胡乱祭祀。

非其鬼而祭之,谄也。(《论语·为政》)

孔子认为不是自己的祖先而去祭祀,祭拜人家的祖宗,是拍马屁的谄媚表现。一般我们都是祭祀自己的先人,表示不忘本,遵从先人的教诲。拜祖宗,孔子是赞成的。但因为别人有地位,你就为了什么目的,没有诚意地去祭祀别人的祖先,孔子是反对的,认为是降低了道德水准,坏了社会风气。

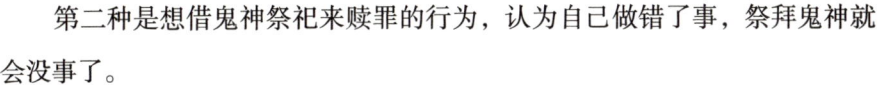

五、孔门教人做君子

第二种是想借鬼神祭祀来赎罪的行为，认为自己做错了事，祭拜鬼神就会没事了。

王孙贾问曰："与其媚于奥，宁媚于灶，何谓也？"子曰："不然，获罪于天，无所祷也。"（《论语·八佾》）

这里说的奥在屋子的西南角，是一家主神的位置。灶是灶神，主管一家的饮食的神。王孙贾讲的是当时的俗语：奥神虽然尊贵，但是高高在上，灶神虽然不如奥神地位高，但是主管饮食事物，所以献媚于奥神还不如献媚于灶神来的实惠些。孔子对这个说法明确回答说：我不这样认为。天下的至尊只有上天而已，有人做善事就赐福于他，有人做不善事就降祸于他，如果悖逆了上天，就没救了。孔子不是根本不相信鬼神存在，而是更相信人要心正行端，才能得到上天的佑护。孔子的回答，十分明确，刚正不阿，给求神拜佛的人讲明了道理。

第三种是过于迷信地祭祀鬼神。

《论语·述而》记载：子疾病，子路请祷。子曰："有诸？"子路对曰："有之；诔曰'祷尔于上下神祇。'"子曰："丘之祷久矣。"

有一次孔子生病，而且病得很重。弟子们都很着急，特别是性情急躁的子路，爱师心切，就请求为他向鬼神祷告。孔子问子路："有过这样的事吗？"意思是说有过祷告鬼神就治好病的先例吗？子路回答说："有啊！祈祷文《诔》里面就说：'为你向上下神祇祷告'"。孔子听了之后说："我自己已经祷告很久了。"孔子真的自己祷告很久了吗？其实不是。孔子的言外之意是，人心地向善、行为端正，就是每天在向上天祷告，何必还要专门祷告呢？这是孔子的一贯态度。

这个故事一方面可以看出孔子和子路深厚的师生情谊，另一方面可以看出孔子是反对简单地以为迷信鬼神就改变一切的。迷信鬼神不仅无益，而且会降低人的价值，使人成为服务于鬼神的奴隶。

孔子是个好老师

4. 孔门的一贯之道

> 子曰:"赐也,女以予为多学而识之者与?"
> 对曰:"然。非与?"
> 曰:"非也,予一以贯之。"(《论语·卫灵公》)

有一天,孔子问子贡:"子贡啊,你以为我是因为博学而有见识的人吗?"

子贡对答说:"是啊,难道不是这样吗?"

孔子说:"不是的,我是坚持有一个东西贯穿始终的。"

这段对话就结束了,然而孔子贯穿始终的东西是什么?孔子并没有说,子贡也没有继续问。以子贡的聪明才智应该是一点即通,师生之间已经心领神会,学生无需再问,老师也无需再答,只是给后世留下了千古谜团。

当然,孔子在另一场合也谈到他的一贯之道,不过这次是他和曾参的对话。曾参的悟性不是最好的,但却能持之以恒地研习师道,每日反思,因此成就很大。四书之一的《大学》就是曾子所作,他是孔门之学的重要继承人,被称为"宗圣"。那么我们来看看孔子和曾参探讨的一贯之道是什么。《论语·里仁》的记述是这样的:

> 子曰:"参乎!吾道一以贯之。"
> 曾子曰:"唯。"
> 子出,门人问曰:"何谓也?"
> 曾子曰:"夫子之道,忠恕而已矣。"(《论语·里仁》)

孔子说:"曾参啊,我是有一个贯穿始终的道的。"

曾参说:"是的。"

孔子出去后,其他孔门弟子问曾参:"老师说的是什么意思啊?"

曾参说:"老师的道,就是忠恕而已。"

其实,这里又是一个哑谜,因为孔子没有明确说自己的一贯之道是什么。

五、孔门教人做君子

但是曾参给说破了,明确说孔子的一贯之道就是忠恕。曾参的说法应该说是很有道理的。

在《论语·卫灵公》中:

> 子贡问曰:"有一言而可以终身行之者乎?"
>
> 子曰:"其恕乎!己所不欲,勿施于人。"

子贡问孔老师:"有什么样的一句话,可以终身奉行的吗?"

孔夫子就说了:"那就应该是"宽恕"吧!自己不想要的,也不要强加给别人。"

孔子是个好老师

"己所不欲,勿施于人"已经成为我们的道德金律,甚至被国际社会所认可。孔子对于什么是忠,并没有直接的解释,或许他认为忠是什么大家都知道,并不需要专门的解释。但是对于什么是恕,孔子在上面一段话里面解释了,那就是:自己不想要的,不要强加给别人(己所不欲,勿施于人)。宋代的学人朱熹对于孔子学说有根本性、阉割性的曲解,贻害深广,但是他在《中庸章句》中对忠恕的解释,却是有道理的:"尽己之心为忠,推己及人为恕。"

孔子和两个学生分别谈了他的"一贯之道",谈的角度有所不同。和子贡谈的是学问的一贯之道,而和曾参谈的是修身的一贯之道。虽然两次侧重点显然不同,但二者密切相关,最终的一贯之道却是一致的,其实是一回事。因为孔子的教育目标就是教学生成为具有各方面才能的君子,其基础和核心内容就是修身,所以修身之道就是学问之道。

按照现在的学科划分,孔子主要教学生政治学和伦理学,就是教学生如何去从政,如何做人,加到一起就是怎么做一个君子。孔子教的东西的核心就是忠恕之道。忠恕之道并不是简单的书本知识和道理,还需要学生去体会,去认知,去感悟,孔子希望通过自己的教学来启发出学生的仁爱之心。所以,我们要真正理解孔子的思想也必须始终把握好忠恕这个一贯之道。

孔子本人的一言一行都体现着他的忠恕之道,尤其是体现在他与学生的交往中,点点滴滴呈现着孔子那严厉而温和、谦逊和处处为学生着想的高尚品德。

《孔子家语·致思》中记载着这样一个故事:

孔子将行,雨而无盖。门人曰:"商也有之。"孔子曰:"商之为人也,甚吝于财。吾闻与人交,推其长者,违其短者,故能久也。"(《孔子家语·致思》)

孔子有一次出门,没多久下起雨来了,而孔子乘坐的马车上却没带雨盖。当时孔子行走的地方离子夏家很近,孔子的一个学生就建议孔子说:"子夏家

五、孔门教人做君子

有雨盖啊,咱们找他借不就行了。"孔子说:"不要去借了,子夏这个学生有一点儿小气,比较吝啬钱财。我听说人与人之间的交往,要推崇别人的长处,避开别人的短处,这样的交往才能长久啊。"

其实,孔子作为子夏的老师,去借用雨盖,子夏当然不会拒绝。但孔子知道,子夏的心里可能会为自己的雨盖会不会损坏或者丢失而担心。这里,孔子就用自己的行动告诉了我们交往的原则:站在别人的角度想问题,不要使别人为难,要保全别人的名声。

生活中,最典型的例子是借钱。一般不要借钱,就算急需钱,找银行借,也不要找亲朋好友借。特殊情况下,必须借钱时,也要找手头比较宽裕,为人比较大方的人借钱。借完钱之后,要想办法尽早还上,切忌拖欠还钱。最重要的是,不要谎称急需钱而拿借钱来检验友谊。有的只是泛泛之交,没必要检验,大家就是在一起工作、学习和生活,礼节性地相互帮衬照应而已;有的是你的很好的真朋友,但如果他事后发现你拿借钱来检验你们之间的友谊,可能你们之间的友谊就会终止了。因为,你从检验开始的那一刻就是在欺骗。所以,不仅不要去检验爱情,也不要去检验友情,更不要去检验亲情。那些情谊是真实存在的,但一旦去检验,它就可能因为你的检验而破坏它,导致它发生变异,从而变味甚至消失了。

5. 中庸之德

子曰:"中庸之为德也,其至矣乎!民鲜久矣。"(《论语·雍也》)

孔子说:"中庸作为一种道德,可算是最高了!人民缺少它已经很久了。"

在孔子看来,中庸也是一种至极的道德境界。中庸之德是儒家道德修养的最高层级。孔子之后儒家的《中庸》有一句话:"极高明而道中庸。"其意是一个人的修为到达了极为高明的境界,才能称得上具有中庸之德。

那么什么是中庸呢?中,当然是中间、中性的意思,那么"庸"指什么呢？庸在古代当作"用"讲，也作"平常"解释。现在我们说的"平庸"，就属于后者。所以东汉的郑玄注释"君子中庸"这句话时候解释说："庸，常也，用中为常道也。"郑玄又说："名曰中庸者，以记其中和之为用。庸，用也。"历史上许多学者对中庸都给出了解释，宋代程颐对中庸的解释后来最为流行："不偏之谓中，不易之谓庸。中者，天下之正道，庸者，天下之定理。"其实程颐这个解释并不是字面直接的解读，而是做了发挥。为什么说庸是天下的定理呢？因为庸是平常的意思，是常规的意思，所以是不可以改变的，因而是天下的定理。

孔子讲中庸，就是要找到一个最佳点，不走极端。而且这个最佳点是随着情况变化的，并不是固定在两点中间。举一个关于"三思而后行"的例子。

季文子三思而后行。子闻之，曰："再，斯可矣。"（《论语·公冶长》）

季文子凡事要思考多次才行动。孔子说："思考两次就可以了。"我们开始读这条论语会感到奇怪，孔子不是老教育子路要多思考吗，怎么说法变了呢？其实，孔子当然主张遇事思考之后再去做，但并不是思考得越多越好，而是要看每个人的情况。子路这个人太鲁莽了，当然要学会思考，而且要多思考，谨慎行动。但是其他人就不一样了，很多时候，人的第一反应就是很好的，思考得过多反而畏首畏尾，瞻前顾后，犹豫不决，反而错过了良好时机。季文子当时是鲁国的执政，是国务院总理，而且他思考太多，做事有些犹豫不决，如果不能及时决断，会延误政事的。

中庸并不是什么事情都搞折中，不是在两种观点之间取个中间，各打二十大板，而是找到一个最佳点。这有点像西方的黄金分割率。据说在古希腊的时候，数学哲学家毕达哥拉斯有一天走在街上，在经过铁匠铺前，忽然听到铁匠打铁的声音，觉得太美了，于是停下听了起来。这个毕达哥拉斯善于把什么东西都归为数学规律，他发现铁匠打铁很有节奏，就把打铁声音节奏的比例用数学的方式表达出来了，这个比例后来被称为黄金分割率。黄金分割是指把一个整体一分为二，较大部分与整体部分的比值，等于较小部分

五、孔门教人做君子

与较大部分的比值,其比值约为 0.618。这个比例被公认为是最能引起美感的比例,因此被称为黄金分割。许多人都认为,美女的身体最佳比例就是合乎黄金分割率的。并不是说不符合这个比例就是不美的,而是说合乎这个比例是最美的。黄金分割率并不是在两个极端之间的简单折中,不是在各占 50% 的位置,而是在 0.618 的位置。

黄金分割率和中庸之道是相通的:第一,两者都不走极端;第二,两者都在极端之间寻找最佳点。当然,黄金分割率是审美的比例标准,和中庸的适用范围是不一样的。另外,黄金分割率确定在一个固定的点上,而中庸的最佳点很有弹性,是一个哲学意义上的原则,处理每种问题都应该找到具体的最佳点,而且每个最佳点是不一样的。从哲学意义上说,黄金分割率是符合中庸之道的。

其实,在世界各个民族文化之中,都有中庸哲学的影子,只不过表述不同罢了。极端往往令人们堕入荒谬与争斗甚至相互虐害,只有中庸才让人类理性、平和、和谐。所以"中庸之为德也,其至矣乎!"(《论语·雍也》)中庸是人类的最重要、最高明的道德与方法。

6. 中庸之中有忠直之气

> 子曰:"人之生也直,罔之生也幸而免。"(《论语·雍也》)

孔子说:"人能生存是因为正直,那些不正直的人也生存下来是由于侥幸避免了灾祸。"孔子这话乍一看感觉跟现实状况是反的,现实生活中,那些正直的人总是遭受很多曲折,而搬弄是非的不正直的人反而得势。其实,如果对孔子这话深入琢磨,就觉得是很有道理的:不正直的人得势是暂时的,人们最终会看清他们的真面目,从而受到人们的厌弃甚至惩罚;正直的人最终会得势并受到尊重和欢迎。中庸作为孔子倡导的最高层次的道德,本来是和忠直之气紧密联系在一起的。但中庸在传播中遭受很多歪曲,其原因就是丢

 孔子是个好老师

失了其中的忠直之气。

《论语·子罕》里记载，古诗文中有这样一句诗：
唐棣之华，偏其反而。岂不尔思？室是远而。（《论语·子罕》）

意思就是正如唐棣树的花在风中摇摆不定，我难道不思念你吗？只是家住得太远了。孔子就来了句：只是没有思念罢了，真思念了，又有什么遥远的呢？（未之思也，夫何远之有？）每次读到这里忽然觉得夫子由一个温文尔雅的圣人变成了一个一针见血的御姐——其实是网络时代的御姐在模仿孔子。御姐听到她的一个姐妹对她说："我男友说，每次看到花儿在风中摇摆就很思念我，可是他家离我家太远，否则就来看我了。我男友真好！"御姐回答说："滚犊子！你那小白脸一点儿都不想你，如果想你的话即使步行也走来了。"我们且不说御姐的对话简直就是原封不动的古文翻译，只是请读者关注孔子对古诗的点评，可谓直截了当，击中要害，忠直之气，跃然纸上。

现在的人听到中庸之道，往往以为孔子就是个弯弯绕，是简单折中主义的活典型，其实这是很大的误解。

还有一个成语叫"以德报怨"，很多人认为这就是孔子的主张，其实孔子更主张"以直报怨"。

或曰："以德报怨，何如？"
子曰："何以报德？以直报怨，以德报德。"（《论语·宪问》）

有人说："用仁德来回报怨恨怎么样？"孔子说："那用什么来回报仁德呢？可以用正直回报怨恨，用仁德回报仁德。"这里我们应该明确：孔子并不是否定以德报怨，但更主张以直报怨，以德报德。以德报怨是道家思想，《道德经·第六十三》章提出：报怨以德。儒道两家思想有很多相通之处，也有很多差异。其中一个明显的差异就是道家过多地强调像水一样柔顺，缺乏儒家倡导的忠直之气。

当然，孔子主张的忠直之气是包含于中庸之德之中的。我们在学习儒家中庸之德的时候要用心体会出其中的忠直之气。但也不能过分强调忠直之气，

五、孔门教人做君子

而妨害中庸之德。

理解了忠直之气,就明白了中庸之道并不能成为差不多、和稀泥的代名词。儒家在历史上培养了许多在朝堂上坚持己见、铮铮铁骨的诤臣、忠臣,就和这种忠直之气有关。我们今天提倡中庸之德时,必须强调忠直之气。

中庸的思维方式,本来是中国文化的重要传统,可惜已经在很大程度上失去了。与此相应,社会多有戾气。戾气的形成固然有多种原因,但是戾气在人们心中得不到控制,却是和历史上很长一段时间提倡斗争的极端思维有关。这种极端思维,彻底地否定了中庸之道、忠恕之道,破坏了社会和谐。重新提倡中庸之道,重视中性智慧,使用中性语言,是社会和谐所必须的。

孔子是个好老师

六、做个君子不容易

1. 君子是个啥样子

> 孔子曰:"君子有九思:视思明,听思聪,色思温,貌思恭,言思忠,事思敬,疑思问,忿思难,见得思义。"(《论语·季氏》)

孔子不断提倡做君子,那么什么是君子呢?君子究竟怎么样,想些什么?孔子说:"作为君子要考虑这九件事情:看的时候要考虑是否看明白了;听的时候是否听清楚了;对于自己的脸色,要考虑是否保持着温和的状态;对于自己的神态,要考虑是否保持谨慎恭敬的样子;说话的时候要考虑是否忠诚老实;遇到疑问要考虑怎么向别人请教;想要生气时要考虑后果;遇到可以得到名利的时候要考虑是否合乎道义。"

孔子这段关于"君子九思"的论述把君子的形象论述得很充分,这就是孔子教育自己学生要做君子的要求。"君子九思"中的前三思侧重于君子给人的外在观感,后六思侧重于君子的内在品质。也就是说孔子眼中的君子既要有外在的"文",又要有内在的"质"。那么,他们二者的关系是怎样的呢?孔子说:"质胜文则野,文胜质则史。文质彬彬,然后君子。"(《论语·雍也》)孔子认为,一个人如果他的品质胜过文采就会粗野,文采胜过品质就会浮华。只有文采和品质配合恰当才是君子,看来这君子还是不容易当的。

生活中,我们总能听到这样的声音:某某就是脾气不好,穿着言谈方面

做个君子不容易

孔子是个好老师

不讲究，其实他是一个君子；某某穿得人模人样，说话也挺得体，性格也很好，其实他是一个小人。对于后一种人，大家都不认可。那么对于前一种人，孔子怎么看呢？孔子的学生子贡曾被问到这个问题，我们看看子贡的回答。

棘子成曰："君子质而已矣，何以文为？"

子贡曰："惜乎，夫子之说君子也！驷不及舌。文犹质也，质犹文也。虎豹之鞟（音阔）犹犬羊之鞟。"（《论语·颜渊》）

卫国大夫棘子成对孔子关于君子的说法有质疑，问："君子只要有内在品德美就行了，何必要什么外在的装饰呢？"

子贡回答说："先生您这样谈论君子就有点儿可惜了啊！不是有一个"四匹马的车不如一个舌头"的说法吗？（外在表现外很重要啊！）外在反映内在，内在呈现外在，二者是紧密相连的。如果把老虎皮和犬羊皮上面的条纹都去除后，这两种兽皮又有什么区别呢？"

子贡的回答很机智、也很深刻，估计这个棘子成听了子贡的话就哑口无言了。我们现在的哲学常识讲，任何事情要透过现象看本质。其实，本质这个东西是比较虚的，甚至是有些人拿来故弄玄虚的名词。现代西方的现象学明确提出现象即本质，没有一个脱离现象而单独存在的本质，本质必须通过现象呈现出来，二者是浑然一体的。所以，一个君子不仅要重视自己的内在修养，还要重视自己的外在形象。不能拿"文"和"质"的差异来为自己的不堪形象开脱。

孔子的学生子夏在理解老师意思的基础上提出了君子应该给人的外在感受。子夏说："君子有三变：望之俨然，即之也温，听其言也厉。"（《论语·子张》）就是说，君子给人以三种不同的感官印象：远远地看去，他给人以庄重严肃的感觉；接近他时，觉得他温和可亲；听他说话的时候，又觉得他比较有力度。

总结子夏的话，就是君子要有三度：重度，庄重严肃，其实要人品持重和肚子里有货；温度，态度温和，平易近人，不装；力度，讲话不是虚头巴脑，而是有针对性、言之有物，能解决问题。我们知道当时所说的君子，主

六、做个君子不容易

要是对从政的领导干部说的,今天我们拿来,不是也很有针对性吗?

孔子对君子的要求有很多,做一个君子不是一件容易的事。那么我们该怎么入手来做一个君子呢?孔子认为做君子有两个基本要求:一是广泛地学习;二是讲礼仪。

子曰:"君子博学于文,约之以礼,亦可以弗畔矣夫!"(《论语·雍也》)

孔子说:"君子要广泛地学习各种知识,并且用礼仪来约束自己,这样就不会背离君子之道了。"孔子非常重视学习,这在其他章节有具体讲述。这里,我们谈谈君子该如何讲究礼仪。

《孔子家语·致思》记载了这样一个故事:鲁国有一个很节俭的人,在家里煮好食物之后,自己尝了尝,觉得味道很鲜美,就用小瓦罐盛好,端去献给孔子。孔子非常高兴地接受了这些食物,就好像是接受了别人送的牛、羊、猪这样的大礼物似的。子路看了很不明白,觉得送的东西太平常了,怎么孔老师竟这么重视?子路就问:"小瓦罐是简陋的盛饭器具,用它煮出来的饭菜平淡无味,不怎么好吃,老师您老人家怎么显得那么高兴呢?"孔子说:"喜欢进谏的人总想着自己的国君,吃美味的人总想着自己的父母。我看重的不是器具的好坏,而是这个人吃到好东西时能想到让我尝一尝的这种心情啊!"

孔子看重的不仅是这个人向孔子赠送食物的礼仪行为,更看重这个赠送背后的心意。别人送的礼物只是小意思,但足够表达了他心中的大意思。而且,讲究礼仪不是一定要讲究大排场,搞形式主义。其实,古代讲究礼仪还更多地是对摆谱的限制,因为那时候在礼仪上是有规定的:不是某个层次的人,不是某种重要的活动,就不能使用某个规格的礼仪。孔子是很反对那些铺张浪费的越礼行为的,《论语》的第三篇开篇就是孔子对季氏使用天子礼仪的经典斥责。

孔子谓季氏:"八佾舞于庭,是可忍也,孰不可忍也?"(《论语·八佾》)

孔子是个好老师

孔子谈论到季氏说:"他在自己的庭院中欣赏美女跳舞,竟然使用天子八佾的规格,这种事情如果都能忍受,还有什么我们不能忍受的呢?"

什么是八佾?佾是古代舞蹈演奏的行列,八个人为一行,就叫做一佾。那么八佾就是八行,就是八行八列六十四个舞女的队伍。根据周礼,周天子才能用八佾,像鲁国国君这样的诸侯才能用六佾,而季氏这样的大夫只能使用四佾。季氏用的舞蹈礼仪不仅藐视了各个诸侯国的国君,还藐视了周天子。这种违背礼仪的行为不仅有损季氏个人的人品,而且对整个社会都造成不良影响。我们可以看出,当时礼仪绝不是讲排场,更多的是对社会不同层次人的规范,具有重要的稳定社会的功能。

许多人想当然地以为孔子重视礼,就是讲究排场的,甚至以为今天中国社会的铺张浪费,是源自孔子的。其实这是一种很大的误解。

> 林放问礼之本。子曰:"大哉问!礼,与其奢也,宁俭;丧,与其易也,宁戚。"(《论语·八佾》)

林放向孔子请教礼的实质是什么。孔子说:"这是意义重大的问题啊!就一般的礼仪而言,与其过分奢华,不如朴素节俭;对于丧葬之礼,与其大操大办,不如内心真正地哀悼。"

孔子是很重视一个人做人做事的分寸的,在礼仪上也是如此。

君子是个啥样子?就是很讲究分寸,内心的欲望要求和外在的举止行为不过分,很得体的人。我们一见到这样的人,就从内心发出一个声音:这个人是个君子。《菜根谭》有这么一句话:文章做到极处,无有它奇,只是恰好;人品做到极处,无有它异,只是本然。恰好就是恰到好处,增一分则太长,减一分则太短。本然是本心,本来的面貌。恰好要体现本然,本然要做到恰好。恰好与本然要做到圆融无碍地浑然一体,这也就是一个君子的样子。

2. 君子的"三达德"

> 子曰:"君子道者三,我无能焉:仁者不忧,知者不惑,勇者不惧。"

六、做个君子不容易

子贡曰:"夫子自道也。"(《论语·宪问》)

孔子说:"君子之道有三个方面,我都没有做到:仁德的人不忧虑,智慧的人不迷惑,勇敢的人不畏惧。"

孔子说他没有做到,但是子贡认为他已经做到了,说:"老师说的其实就是他自己啊。"

仁者不忧、智者不惑、勇者不惧,这三种境界真的是很难做到的,三者合一正是是君子修养的最高境界。孔子说:"知、仁、勇三者,天下之达德也。"(《中庸》)那么什么是达德呢?所谓达,就是通达之意,也是通行的意思。达德,就是通行的、普遍的德性。仁、智、勇这是君子修养的"三达德",是天下凡是君子都应该具备的德性。

君子的第一个"达德":仁者不忧,做一个仁爱快乐的人。一个人的心胸怎么能够宽大起来?就是要有爱心,能够设身处地为别人着想,为对方着想,这样就不会陷入偏执和狭隘。而且仁爱的人也是快乐的人,世间有太多美好的事物需要自己去爱护、去呵护。整天愁眉苦脸是解决不了问题的,保持乐观快乐的心态,积极采取行动,让事情越变越好才是君子应该做的。所以孔子曾说:"君子坦荡荡,小人常戚戚。"(《论语·述而》)戚戚就是忧愁悲伤的样子,小人才是整天一副愁眉苦脸的样子。

其实,孔子的学生就仁者不忧的问题请教过孔子。《孔子家语·在厄》里记载:

子路问于孔子曰:"君子无忧乎?"

子曰:"无也。君子之修行也,其未得之,则乐其意;既得之,又乐其治。是以有终身之乐,无一日之忧。小人则不然,其未得也,患弗得之;既得之,又恐失之。是以有终身之忧,无一日之乐也。"(《孔子家语·在厄》)

子路问孔子:"君子也有忧愁吗?"

孔子是个好老师

孔子:"没有。君子在修身实践中,当他的事还没做成时,他会为自己做事的坚强意念感到高兴;当他的事做成了,他又会为自己经过努力而有所作为而感到高兴。所以君子的一生是快乐的一生,基本上没有哪天是忧愁的。而小人却恰好相反,当没有获得某一个他想要的东西时,他担心自己得不到;当他得到某件东西时,他又担心会不会失去。所以小人的一生是忧愁的一生,基本上没有哪天是快乐的。"

君子不是总想着自己的私利能否得到和保存,而是想着把事情做好,在做事情中享受奋斗和奉献的快乐。事情没做成的话,君子会继续奋斗,并享受其过程。事情做成了的话,自然会收获成功的快乐,以及与他人分享成功果实的快乐。

君子的第二个"达德":智者不惑,对人对事有明确清晰的认识,做一个明白人。孔子的学生樊迟曾向孔子请教什么是智,孔子的回答就是两个字:知人。(《论语·颜渊》)一个智慧的人一般是不会误会别人的,因为智者不仅是用自己的眼来看待人与事,更用自己的心去看待人与事。

《孔子家语·入官》里记载了这样一个故事:孔子和他的弟子们有一次被困在陈国和蔡国之间,他们一连七天都没能吃上饭。子贡富有又机敏,他带着自己的钱财偷偷突出了陈国和蔡国军队的包围,顺利溜了出来。然后,他从乡间的农民那里买了一袋粮食带回去了。于是,颜回、子路两人就在一间破屋子里煮米饭。其间,有一些灰尘掉进了饭锅里,颜回怕浪费,就把脏了的那点儿米饭拿出来吃了。

这事恰好被正在井边打水的子贡看见了,子贡只看见颜回吃米饭,没看见那米饭是脏的。子贡看到这一幕很不高兴,他以为颜回是在背着老师、师兄弟们偷吃米饭。

子贡就去问孔子:"正人君子会在穷困的时候不要节操吗?"

孔子说:"一遇到困难就丢了节操,节操如此脆弱的人哪还能称得上是君子呢?"

子贡说:"老师,您说颜回同学会不会在困难中节操碎了一地吧?"

六、做个君子不容易

孔子说:"当然不会。"

于是,子贡就把自己刚才见到的事一五一十地告诉了孔子。

孔子说:"我一直都相信颜回的仁德,虽然你说是自己亲眼见到的事,但我仍然不怀疑颜回的人品,这其中一定有其他的缘由。你先等等,我来问问颜回。"

孔子把颜回叫来说:"前天晚上我做梦梦见了先人,莫不是先人在保佑我们平安?你把做好的米饭拿进来吧,我想祭拜一下先人。"

颜回说:"刚才有灰尘掉进了锅里,我觉得把脏了的那点儿米饭扔掉太可惜,就把那点儿脏米饭吃了。锅里的米饭毕竟进过灰尘,不够干净,不适合拿来祭祀先人,老师。"

孔子说:"你做得对!换作是我,我也会像你那么做的。"

颜回出去后,孔子回头对自己身边的几个学生说:"我一直都很相信颜回。"同学们从此更加佩服颜回了,当然也更加佩服老师。

这个故事一般看来是讲颜回的高尚品格,其实更是讲君子要能识人。子贡怀疑颜回的人品说明自己对颜回不够了解,不能真正相信颜回的为人。孔子相信子贡的亲眼所见,但依然相信颜回的为人。其实,并不是所有的亲眼所见、亲耳所听就是真的。很多时候,我们要用心去感知周围的人和事,用心去判断是非对错。而且,在人际交往中要多选择相信别人的人品,不要总是揣测别人是否别有用心,是否真心真意。人是相互塑造的,你相信一个人是君子,那这个人就愿意坦诚对你,他就是君子;反之,你认定一个人是小人,那这个人还真就针对你,和你过不去,他就成为小人。

君子的第三个"达德":勇者不惧,有勇气去打下属于自己的一片天地,能够坚强地承担责任。很多人没有成功不是因为他不够聪明,而是因为他不敢去尝试。害怕失败而畏缩不前往往就不会取得成功,成功的因素千万种,但成功者当时勇敢地往前走的闯劲往往是不可或缺的。在这一点上,孔子做到了:他提出了"仁"的思想,而且力图用这一思想影响各个国家的领导人,并且为此而排除种种困难,去周游列国,与各个国家的领导人见面。最后尽

 孔子是个好老师

管个人政治上并不怎么成功,但是孔子成功地传播了自己的思想,并且培养出一批推崇仁德价值观的有影响力的人才。孔子是勇而敢为的人,上文中提到的母亲去世时,他把棺材停在十字路口,执着地向人们打听父亲的墓地在哪里,就是很有勇气的行为。

当然,孔子提倡的勇敢不惧不是莽撞,不是肆意妄为,而首先是正义的,有底线的。

子路曰:"君子尚勇乎!"子曰:"君子义以为上。君子有勇而无义为乱,小人有勇而无义为盗。"(《论语·阳货》)

子路说:"君子提倡勇敢吗?"

孔子说:"君子以道义为上,上层人如果勇敢而不讲道义就会祸乱国家,小人如果勇敢而不讲道义就会成为强盗。"

在孔子的众多弟子中,子路以勇敢而著称,其实子路也是很讲仁义的,这在很大程度上受益于孔子的教导。我们提倡勇敢,但不是提倡莽撞。提倡见义勇为,更要强调见义智为。其实,勇敢就如同一个梯子,善用这个梯子,你就能到达更高的人生高度。一个人如果能做到孔子提倡的仁、智、勇"三达德",那就是一个很完美的君子了。

3. 不给自己犯错误的机会

孔子曰:"君子有三戒:少之时,血气未定,戒之在色;及其壮也,血气方刚,戒之在斗;及其老也,血气既衰,戒之在得。"(《论语·季氏》)

孔子说:"君子有三件事要引以为戒:年轻时,血气尚未稳定,要警戒贪恋女色;等到壮年的时候,血气正旺盛,要警戒争强好斗;年老了,血气已经衰弱了,要警戒贪得无厌。"孔子认为,一个君子要有三戒:戒色、戒斗和戒得。其实,这三戒伴随着一个人的一生,只是各个不同年龄段所戒内容的

六、做个君子不容易

侧重点不同而已。

年轻时要戒色,不要一看见美女就两眼发直,心跳加速,甚至鼻血都冒出来了。好色不仅反映的是人对于感官亲密享受的追求,还是人类生生不息的原动力,孔子并不反对正常的对异性的兴趣。但君子对于美女一定要"发乎情,止乎礼"。所谓发乎情,就是心有所动、有爱美之心很自然;止乎礼,就是行为上不要突破道德规矩。所以早期的儒家是很人性化的,并没有所谓"存天理,灭人欲"这种极端主张。孔子认为对人欲要承认,要限制在礼所限定的适当范围内,不要让它泛滥,而不是消灭。其实,"发乎情,止乎礼"确实也是指导人们处理感情问题一个重要原则,正所谓色字头上一把刀,有多少英雄好汉、达官贵人死在这把刀上!

人到中年,要戒斗。中年人一般在社会的不同岗位上已有所成就,有了一定的社会地位。这个时候的中年人之间开始比谁更有成就、谁更厉害、谁的面子更大,好胜心很强。有时为了一时意气可以大打出手,还美其名曰:人活一口气。有的人追求目标没有达到,长期心情郁闷,竟然一病不起,甚至撒手归西。还有的人在别人看来很成功了,但是他总是和别人比自己的不

孔子是个好老师

足,和当官的比权,和商人比钱,和学者比名头,总觉自己不如人,于是当了官还想捞钱,经商成功了还想弄权,做学问成功了还想既当官又挣钱。结果比来比去,只能不择手段去达到这些目标,最后或整天钻营取巧,或天天和别人斗来斗去,或锒铛入狱,或倾家荡产,或身败名裂。

其实,中年人需要心平气和地做事创业。因为这个年龄正是年富力强,手握很多资源,要充分调动资源,为社会做出应有的贡献,也实现自己的人生价值。而且,这个时候的中年人上有老、下有小,中间还有很多需要关心爱护的人,需要用自己坚实的肩膀承担起很多责任。如果一味去和别人比较,好胜心过强,就会走上人生的弯路,浪费精力,欲速不达,甚至落入泥潭,自毁前程。

人到老年,要戒得。有人说,人老了就如同回到了婴童年龄,很多事情自己想去做却做不了,但很多东西自己都想要。而有的老年人觉得理所应当,自己辛辛苦苦一辈子,该得到的就必须得到,尤其是物质利益。还有的老人,特别在意自己曾经得到了什么,到了老年力不从心,看着这些东西逐渐失去,感到难以接受,因此拼着老命去保护,每天都在进行保卫战,每天都怅然若失、无可奈何、唉声叹气,心情很不好。其实,得到的东西都会失去,最后失去的是自己的身体。老年人最大的幸福应该是身体健康和心灵宁静,在含饴弄孙和人们的尊敬中享受夕阳的美好。

君子三戒说起来简单做起来难,怎样才能真正做到呢?最牢靠的方法就是不给自己犯错误的机会,对于不好的东西根本就不接触。在君子三戒中,戒色往往最难做到,我们来看看一个鲁国的小伙子是怎么戒色的。

《孔子家语·好生》里讲了这样一个故事:鲁国有个小伙子单独住在一间房子里,他的邻居是一个寡妇,也是独处一室。一天夜里,风雨交加,寡妇的房子受损了,外面下大雨,里面下小雨。寡妇没有办法,就跑到隔壁去借宿,然而小伙子却关住自己的门不让寡妇进去。

寡妇透过窗户纸对他说:"你怎么这么不讲人情,不让我进去借宿呢?"

六、做个君子不容易

小伙子说:"我听说男女不到六十岁不能随便同处一室,你我都正年轻,我怕自己把持不住,所以不敢让你进来。"

寡妇说:"你为什么就不能学学人家柳下惠呢?他把一名女子抱在怀里一夜,也没有人指责他好色啊。"

小伙子说:"柳下惠能做到坐怀不乱,可我做不到啊!我就只能不让你进来以达到向柳下惠学习的目的。"

孔子听说了这件事后说:"太好了!想要学习柳下惠高尚品格的人很多,却还没有采取小伙子这种学习的方法。我们做君子也不用严格地照葫芦画瓢,小伙子的创新做法是很明智的。"

在这个故事里,寡妇的家即使就是房顶漏雨了,还是勉强能住的。小伙子不仅没有趁人之危,而且消除了自己可能犯错误的机会。很多时候,我们就是故事之中的小伙子,以为自己可以把持得住,大胆地去接触某些东西。其实,很可能我们把持不住,一旦接触就会误入歧途。所以,君子要戒色、戒斗、戒得,最好要学会不给自己犯错误的机会。

当然,戒色、戒斗、戒得并不是要断绝自己的一切欲求。孔老夫子还说过:"富而可求也,虽执鞭之士,吾亦为之。如不可求,从吾所好。"(《论语·述而》)如果富贵可以求得的话,就是让孔子当一个马车夫,他也是愿意的。但如果不能求得,那就做自己喜欢干的事。孔老师其实是不喜欢装的,也不喜欢把话说绝对。人家没有说自己不喜欢富贵,但是说你得不到的时候,要想得开。

其实,君子不仅有三戒,还有三畏。君子三畏能更好地帮助君子实现三戒,不给自己犯错误的机会。

孔子曰:"君子有三畏:畏天命,畏大人,畏圣人之言。小人不知天命而不畏也,狎大人,侮圣人之言。"(《论语·季氏》)

孔子说:"君子敬畏三件事:敬畏天命,敬畏高贵的人,敬畏圣人的话。小人不懂天命而不敬畏,不尊重高贵的人,戏侮圣人的话。"

这里的君子三戒是天命、贵人和圣人,也就是要求君子有敬畏之心。

孔子是个好老师

人如果没有敬畏之心，就什么事情都可以干得出来。有的人狂妄自大，敢于挑战天，但是终究无法抗拒自然规律，也逃不过上天的惩罚；有人自以为老子就是天下第一，什么法律什么规矩，都可以无视、可以蔑视，对芸芸众生更是不放在眼里，但是最后即使不受到法律惩罚，终究会被人们内心所厌弃，逃不过历史的批判；有的人不知道尊重文化，什么儒释道什么圣哲贤士，只要有权有钱或者懂得一点知识，全都不在话下，最后即使不因无知而做尽蠢事，坎坷败落，也终究得不到人们的尊敬。君子做人做事的分寸从何而来？来自基本的敬畏之心，摆正自己在天地人之间的位置，不因有权有钱有名有点知识而任性，甚至心理异常、行为狂妄。人要有一点儿敬畏之心，才能有效地遏制自己的贪欲、管住自己的行为。

所以，君子不任性。反过来，任性非君子。

4. 孝顺不是一件简单事

> 子夏问孝，子曰："色难。有事，弟子服其劳；有酒食，先生馔，曾是以为孝乎？"（《论语·为政》）

子夏问孔子什么是孝，孔子说："孝顺难在始终对父母都有好脸色上。若遇到事，由子女来操劳；有了酒食先让父母吃，仅仅做到这样就能算得上孝顺吗？"孝顺不是一件简单事，而是一件需要用心、用爱去做的事。

其实孔子的另一个学生问孝顺时，孔子也是用反问的语气表达了孝顺父母绝不是养着父母这么简单。

> 子游问孝。子曰："今之孝者，是谓能养。至于犬马，皆能有养；不敬，何以别乎？"（《论语·为政》）

孔子的吴国学生子游，问孔子什么是孝顺。孔子说："现在人们认为的孝顺就是养着父母。然而，狗、马等动物都得到了人们的饲养。如果对父母没有敬重之情，那养着父母与养着狗、马又有什么区别呢？"孔子这里用了一

六、做个君子不容易

个类比,鲜明地体现出敬重父母的重要性。

很多人都能做到给父母好吃好喝,让他们衣食无忧,但这只是孝顺的最低层次。孝顺的第二个层次就是能充分地理解父母、尊重父母,不因父母的守旧和无知就觉得父母不可理喻。孔子对于这一点也做了专门的论述。

子曰:"事父母几谏,见志不从,又敬不违,劳而不怨。"(《论语·里仁》)

孔子说:"侍奉父母时,如果发现父母有不对的地方,应该委婉地劝说;如果父母没有听从自己正确的意见,仍然要恭敬地侍奉父母而不触怒他们,虽然内心担忧,但不能怨恨父母。"

一个人无论贫富都要用心去爱自己的父母,要时时刻刻想着给父母以心灵上的关爱。现代社会,父母大多对自己的儿女倾注了很多心血;而儿女们又对自己的孩子倾注了很多心血,倒是把应该全力回报的父母给忽略了。说一个简单的现象,父母一般都记得儿女的生日,每到儿女生日时都张罗着给子女庆祝,如果子女不在身边也会打电话问候。反过来,又有多少儿女记得父母的生日,又有多少儿女为父母的生日去张罗庆祝呢?

子曰:"父母之年,不可不知也。一则以喜,一则以惧。"(《论语·里仁》)

孔子说:"父母的生辰一定要记住,一方面感到欢喜,一方面又感到惧怕。"为什么又喜又惧呢?欢喜是因为父母高寿,但依然健康;惧怕是因为父母的年龄在增大,正在走向衰老和离去。作为子女要尽量多陪陪父母,要让年迈的父母获得心灵上的慰藉。所以,孔子还说,父母在世,儿女不要远游;如果的确需要出远门,那也一定要告诉父母自己的去处。(子曰:"父母在,不远游,游必有方。"(《论语·里仁》))现代社会交通便利、通讯发达,不会出现一旦远离故乡父母就很难相见的情形。但子女需要经常跟父母通电话,逢年过节多回家陪陪父母,常回家看看。

《孔子家语·致思》里记载了这样一个故事:

孔子到齐国去,在路上听到了哭声,而且这个哭声很悲伤。

孔子是个好老师

孔子对自己的学生说:"这哭声很哀伤,但却不是失去亲人的那种哀伤。"孔子带着学生驱车向前,没走多远就看到一个怪人,手里拿着镰刀和绳子不停地哭泣。

孔子下了车,向那个人问道:"请问您叫什么名字?"

他回答说:"我叫丘吾子。"

孔子又问:"您又不是在举行丧礼的地方,为什么会哭得那么伤心呢?"

丘吾子说:"我一生有三个过失,可惜我到了晚年才省悟过来,后悔哪里还来得及呢?"

孔子说:"我可以听听这三种过失吗?希望您告诉我。"

丘吾子说:"我年轻的时候爱好学习,求学遍及四方,学有所成后回到家,却发现父母没了,这是我的第一个大过失;我年长后做了齐国国君的臣下,国君却骄奢淫逸失去大家的拥护,我没有尽到臣节,这是我的第二个大过失;我一生重视交朋友,但现在他们都离开了我,和我断绝了关系,这是我的第三个过失。树欲静而风不止,子欲养而亲不待。过去了而不会回来的是岁月,永远不可能再见到的是死去的父母。不要拦着我,我们永别了!"

说完丘吾子就投水自尽了。

孔子回头对自己的学生说:"学生们,你们要记住丘吾子的话,他的教训要引起你们的警戒!"

于是,陆续有十三个弟子告别孔子回家去侍奉父母了。

事业很重要,可每一个为事业而打拼的人要记住当年父母为了自己的成长付出了多少,多少父母为了儿女放弃了自己的事业。不要以自己工作忙为借口,借口是找不完的。不要总想着来日方长,日后有的是时间孝顺父母。尽孝要趁早,不要留下丘吾子那样"子欲养而亲不待"的遗憾。

孔子认为孝顺的第三个层次就是严守三年之孝。我们现在守孝的观念已经淡化,不要说是守孝三年,就是守孝三个月也是很难的,但是守孝三周是应该的,守孝三天是必须的。这里,我们看看孔子为什么坚持守孝三年。

《论语·阳货》里记载:有一天,孔子的学生宰我去问孔子:"父母死了,

六、做个君子不容易

儿女们为父母守孝三年,这也未免太久了吧。君子三年不行礼,礼仪就荒废了;三年不奏乐,音乐就失传了。一年时间里,旧的粮食就会吃完,新的粮食就又长起来,钻木取火的木头也都改换了,所以守孝一年就可以了。"

孔子:"父母死了不到三年,你就吃香喝辣、穿漂亮衣服,你心安吗?"

宰我:"我心安。"

孔子:"你觉得心安,你就那样做吧!君子在守孝期间,吃好吃的东西没味道,听好听的音乐不快乐,住好房子不舒服,所以不去干这些事。现在你觉得你那样做心安,那你就去做吧!"

宰我就悻悻地出去了。

孔子在后面感叹道:"宰我真是不仁啊!小孩在生下来三年以后才能离开父母的怀抱。守孝三年是天下通行的守孝礼仪,宰我难道是没有得到父母的三年怀抱之爱吗?"

这次孔子和他学生宰我之间的辩论似乎是孔子不对,因为就在孔子那个年代,守孝三年的礼仪已经不被普遍遵守了。但孔子告诉我们一个守孝三年的重要理由:我们每个人都有三年的怀抱之爱。在今天的社会,我们不应该再强调守孝三年,而如果强调当一个人成家立业后,回家看望父母、陪父母的时间总和不能低于三年,应该是不过分的。在父母去世之后,在三周年之内的每个祭日里要尤为认真地祭拜,也是必要的。当然,三周年之后也应该在每年祭日和清明节等节日里祭拜过世的父母和先人,不忘养育之恩。

5. 君子的理想丰满而骨感

子路问君子。

子曰:"修己以敬。"

曰:"如斯而已乎?"

曰:"修己以安人。"

曰:"如斯而已乎?"

孔子是个好老师

曰:"修己以安百姓。修己以安百姓,尧舜其犹病诸?"(《论语·宪问》)

子路问怎么做一个君子。

孔子:"修养自身,使自己变得恭敬谦逊。"

子路:"这样就够了吗?"

孔子:"修养自身,使自己周围的人感到安乐。"

子路:"这样就够了吗?"

孔子:"修养自身,使百姓都安乐。能够使百姓都安乐,尧舜这样的贤君还很难做到呢!"

这就是孔子谈论的君子的理想:修养自我,让身边的人过得更好。当然,这个理想就像是水中的涟漪,是一圈一圈地向外扩散的。当自己能力还比较小时,君子要修养自我,使自己变成一个恭敬谦逊的人,有德有才的人。当自己的能力得到提高,能够担当一些重任时,就要带着自己的亲朋好友一起安居乐业,使他们的生活好起来。当自己的德才得到大家的认可,能够承担更大的责任,能够为官一方或者在一个社会组织中担任要职时,就要尽力为老百姓做实事、做好事。

在现实生活中,我们常常用企业家冯仑的一句话来形容理想与现实的反差,那就是"理想很丰满,现实很骨感"。因为现实与理想总是有差距的,理想往往很美好,现实却很不理想。其实这很正常,如果当前的现实就是你的理想,那只能说明你没有理想。孔子谈到的君子的理想也很丰满,要最终达到"安百姓"的程度。但这个理想的实现方式很骨感,只是实实在在的"修身"。

孔子还在另一个地方表达了类似的观点,这次交谈的对象多了一个,是孔子、颜回和子路三个人在一起谈君子的理想,而且这一次是孔子自己明确表述了自己的理想。子路说他的理想是同朋友分享好的东西,颜回说他要做

六、做个君子不容易

到不自夸。当子路问孔子的理想时,孔子说他的理想是"老者安之,朋友信之,少者怀之。"(《论语·公冶长》)就是使老年人能安乐,使朋友们信赖他,使年轻人得到关爱。

在孔子看来,君子的理想固然可以是成就自己的功业,但这绝不是君子的最高理想。君子的最高理想是能够为整个国家的人做出自己的贡献,使老百姓过得安好。孔子的这一思想在《孔子家语·致思》中记载的"农山言志"的故事中完整地呈现出来。

有一天,孔子去鲁国北部游览,登上了农山山顶,子路、子贡和颜回陪同着孔子来到山顶。孔子登高远望了一下,感慨道:"在这个地方进行思考人生问题,什么问题都会想得很透彻。这样吧,你们三个分别谈谈你们各自的理想,我就从你们的理想中做出我的选择。"

子路率先走上前说:"我希望能够拿着像月亮一样洁白的帅旗,挥动着像太阳一样火红的战旗,让战鼓响彻云霄,让旌旗迎风飘扬。我率领一队人马与敌人英勇作战,一定能攻占敌人的千里土地,拔下敌人的军旗,割下敌人的左耳来计数报战功。这种事只有我子路能做得到吧?老师,您让他们俩跟着我后面就行了。"

孔子说:"子路真勇敢!"

接着子贡走上前说:"如果齐国和楚国这两个大国在宽广辽阔的原野上交战,两国军队阵势遥遥相望,布阵时扬起的尘埃连成一片,士兵们手持兵器正准备奋勇作战。此时的我一袭白装,凭借自己的三寸不烂之舌在两国之间纵横捭阖,陈述各种利害关系,从而让他们罢兵不战。这种事只有我子贡能做到,老师,您让他们俩跟在我后面就行了。"

孔子说:"子贡真是好口才!"

颜回没有上前回答孔子的问题。

孔子就问:"颜回,过来!你怎么不谈谈自己的理想呢?"

颜回说:"文武两方面的事子路和子贡都做了很好的回答,我没有什么好说的了。"

孔子是个好老师

孔子说:"即便这样,每个人都有自己的理想嘛,你就说说自己的吧。"

颜回说:"听说熏草和莸(音优)草这两种香草不能保存在同一个容器内,尧和桀不能共同治理一个国家,因为他们不一样。我的理想是希望能够辅佐贤能的君主,实行父义、母慈、兄友、弟恭、子孝这五种教化。用礼乐来教导民众,这样老百姓就不用去修建城池了,刀枪入库,马放南山,夫妇不再有分离的相思之苦,千年不再有战争的灾祸。这样子路就没有地方去施展自己的勇猛了,而子贡也没有地方去发挥他的口才了。"

孔子听了很庄重地说:"颜回真是仁德啊!"

子路举手行礼问:"老师,那您选谁啊?"

孔子说:"不耗费钱财,不危害老百姓,不用讲太多话,这样来治理国家,只有颜回才能做得到啊!"

读完这个"农山言志"的故事总能让人莞尔一笑,对于孔子的提问有点儿谁先回答谁吃亏的感觉。子路说自己要当一个勇敢的将军,奋勇杀敌建立战功,子贡说自己凭借自己的口才让仗打不起来,这就直接把子路的志向给废掉了。颜回更狠,他要实行仁德教化,让天下没有战争,如此一来,子路的勇猛和子贡的口才都废掉了。而结尾是子路傻乎乎地问老师选谁,子贡应该还没等颜回讲完就知道老师的选择了。

其实他们没有相互打压的意思,子路就是勇敢,适合当武将;子贡就是口才好,适合当外交官;颜回就是仁德,适合当大夫,这些都是他们自己的真正内心理想的表述。孔子选择颜回的志向就在于颜回的志向给广大的民众带来了最大的利益,是最仁德的。

一个人在和社会的关系上,有许多选项,关键是哪种选项对社会更有益、对老百姓更有益,并且能够把他们的代价降低到最小程度。能够从这种角度做事,应该是一个为官者或知识分子的追求。

七、交益友，远小人

1. 练就一双识人的火眼金睛

> 子曰："视其所以，观其所由，察其所安，人焉廋哉？人焉廋哉？"
> （《论语·为政》）

孔子说："要识别一个人，可以观察为什么干某件事情，又是采用什么样的方式和方法去干这件事情，他干这件事情的心情和态度是怎样的。如此一来，这个人还有什么能隐藏的呢？还有什么能隐藏的呢？"在这里，孔子认为识人的最好方式是通过做事，看这个人为什么做、怎么做以及做事的态度如何。识人是一门大学问，不仅是管理者需要识人来选人用人，和人共事、交朋友也要识人，所以我们需要练就一双识人的火眼金睛。

识人就是要看出谁是君子，谁是小人。然而，君子脑门上没写着"君子"二字，小人更不可能在自己身上贴上小人的标签。但君子和小人为人处世时总是有很多差别，我们就可以从这些差别中识别他们。

第一，看他们对待过错的态度，看他们是否能承认错误，承担责任。君子往往能主动承认自己的错误，并勇敢去改正；小人往往掩盖自己的错误，逃避责任。子贡和子夏对君子和小人处理错误的不同态度，做了简洁而深入的议论。

> 子贡曰："君子之过也，如日月之食焉；过也，人皆见之；更也，人

交益友，远小人

七、交益友，远小人

皆仰之。"(《论语·子张》)

子贡说:"君子的过失就像日食和月食一样，他犯了错误，别人都看得见；他改正了错误，别人都仰慕他。"

子夏曰:"小人之过也必文。"(《论语·子张》)

子夏说:"小人对自己的过失一定会加以掩饰。"

一个小孩子做错了事，在受到父母或者老师的耐心教育后，一般都能承认错误，并去积极改正。可是，要让一个成年人，尤其是小有成就的成功人士承认自己的错误是很难的，他们觉得承认自己错了，简直太丢人了。所以，有人就去掩饰自己的错误，或者把过失推到别人头上。这种人一是怕丢面子，二是不想承担责任。当然，还有一种不认错的人，这种人物有能力、有魄力、能认识到自己的错误，但他们知错、改错、不认错。其实，真正的大德君子不惧认错，而且还会认真改错。主动承认自己的过错并认真去改正，这样非但不会丢面子，还会赢得大家对你的钦佩和赞扬。

第二，看与他们一起共事是否容易。君子往往容易共事，能够一起把工作很好地完成；小人往往不容易共事，他们是典型的成事不足败事有余。

子曰:"君子易事而难说也。说之不以道，不说也；及其使人也，器之。小人难事而易说也。说之虽不以道，说也；及其使人也，求备焉。"(《论语·子路》)

孔子说:"在君子手下做事很容易，但取悦他却很难。不是用正当的方法去取悦他，他是不会高兴的；用人的时候，他会量才使用的。在小人手下做事很难，但讨好他却很容易。用不正当的方法讨好他，他也会很高兴；等到他用人的时候，他却会百般挑剔、求全责备。"孔子这话就道出了在小人手下做事的难处，一个正人君子在小人手下是很难得到重用的。这也就造成了在小人把持的单位很难做出大的成绩，因为小人只用一些溜须拍马之徒，而这种溜须拍马之徒大多没有多少才能，难以做出成绩。

小人当了领导是祸害，就是与小人做同事也很难。因为小人总是只操心自己那一亩三分田，不会顾及大家的利益和感受。为了获得和确保自己的利益，小人是什么事都干得出来。

> 子曰："鄙夫可与事君也与哉？其未得之也，患得之；既得之，患失之。苟患失之，无所不至矣。"（《论语·阳货》）

孔子说："难道可以和卑鄙小人一起侍奉君主吗？这些人当没有得利时，唯恐自己得不到；得利后，又担心自己会失去。为了自己的既得利益，什么事情都干得出来。"所以，如果同事是小人，我们应该采取敬而远之的态度，不必与小人有太多交往。

第三，看他们对待义利的态度以及待人的态度。君子往往重义，和而不同；小人往往重利，同而不和。孔子认为君子与小人的一个重要区别是把道义看得比钱财重要，还是把钱财看得比道义重要。所以孔子说："君子喻于义，小人喻于利。"（《论语·里仁》）不是说君

子不要利，而是君子见利思义，所得的利一定要符合道义。小人眼里只有利，见利忘义，把攫取利益当成人生目的和存在方式。由于小人聚在一起的目的是共同攫取利益，只是利益把他们结合在一起；那么，一旦没有了利益，甚至他们之间的利益发生冲突时，小人之间就会相互翻脸。所以孔子还说："君子周而不比，小人比而不周。"（《论语·为政》）意思是君子和大家团结而不和少数人勾结，小人和少数人勾结而不和大家团结。君子为了共同完成符合道义的事而团结在一起，争取每个人发挥自己最大的能力，相互配合把事情做好。而小人得势，往往要求别人跟自己一样，有很强的控制欲，要求别人

完全按照自己的意志去行事。所以孔子说:"君子和而不同,小人同而不和。"(《论语·子路》)就是说君子崇尚和谐、尊重差异,而小人强求同一。

第四,看取得好处和成绩之后的态度。君子往往有大胸怀,考虑的是全局和大家的得失,而比较少地关注个人的得失,因此君子在得到好处和成绩的时候,并不会过度地高兴和兴奋。而且,君子更多地顾及别人的感受,不会因为自己得到了什么就在别人面前喜形于色、趾高气扬。但是小人就不是这样,他们整天关注的是自己的利益得失,因此得到了什么就高兴得不得了,比别人强一点就唯恐人家不知道,到处张扬。所以孔子说:君子情绪稳定,而不会觉得和显示自己比别人强;小人总想显示比别人强,情绪不稳定。("君子泰而不骄,小人骄而不泰。"《论语·子路》)

孔子对君子的特点讲得很多,这里只是就几个重要方面做了介绍。在这几个方面,读者都会找到自己经验中的感觉。

2. 远离"老好人"

> 子贡问曰:"乡人皆好之,何如?"
> 子曰:"未可也。"
> "乡人皆恶之,何如?"
> 子曰:"未可也。不如乡人之善者好之,其不善者恶之。"(《论语·子路》)

子贡问孔子:"附近的人都喜欢的人,您觉得这个人怎么样?"
孔子:"不咋样。"
子贡:"那附近都讨厌的人,您觉得这个人怎么样?"
孔子:"不咋样。都不如附近的好人都喜欢他,坏人都讨厌他。"

人们往往以为孔子强调中庸之道,是让人做老好人。这是不了解孔子的人，想当然的一种误解。我们可以从这段对话中体会到孔子对于"老好人"的鲜明态度："老好人"不咋地！"老好人"就是好好先生，什么样的人都说他好，他跟谁都合得来。如果一个人混得大家都讨厌他，这个人无疑有问题；但一个人混得大家都喜欢他，这怎么会也有问题呢？其实孔子给出了答案，真正的君子应该是善良的人喜欢他，邪恶的人讨厌他。一个人如果善良的人喜欢他，说明他跟善良的人凑得比较近，有善良人的特质。如果邪恶的人也喜欢他，说明他跟坏人也走得比较近，又有坏人的特征。那么，这个人既是好人，又是坏人。换句话说，这个人不是什么坏人，可更不是什么好人。那么，他是一个伪善的人，也就是伪君子。

孔子还针对这种人有一句经典的臭骂："乡原，德之贼也。"（《论语·阳货》）这里的乡原是什么，人们有多种解释，基本的意思是全乡人都有好感。孔子把这种人叫做"道德上的贼人"，认为老好人，什么都说好好好、八面玲珑的人，是在利用道德伪装偷偷得好处的人，像小偷一样。

那么我们又该怎么对待身边的"老好人"呢？

子曰："众恶之，必察焉；众好之，必察焉。"（《论语·卫灵公》）

所以孔子说，所有人都喜欢的人，必须认真考察；所有人都讨厌的人，必须认真考察。总之，别稀里糊涂地随着别人说好和坏，要把这种人看透。

孔子认为"老好人"是伪装道德的小偷，是小人中的一种，是混在君子里的小人，是不值得与之深交的。那么孔子认为可以深交的是什么人呢？有仁德的君子。与这种君子交往如沐春风，让你能感受到人与人的真诚与温情。然而，一个人身边的人不可能都是这种仁德君子。对于这种情况，孔子认为我们还可以交往直率的人。

子曰："不得中行而与之，必也狂狷乎？狂者进取，狷者有所不为也。"（《论语·子路》）

孔子说："如果找不到言行合乎中道的人与之交往，那就只能与狂者、狷者交往了。狂者积极进取，狷者有自己做事的底线。"狂狷之人就是率直耿介之人，人们往往以为这种人比较怪异，狂妄自大，甚至和人格格不入，但是

七、交益友，远小人

正因为这样，他们有自己明显的优点，不会降低人格层次。孔子的意思是要兼取他们的优点，避免他们的缺点。

我们要学会正确地评价一个人，才能真正远离小人而亲近君子。那么，我们在评价一个人时要注意什么问题呢？

一是要有长远眼光。看一个人要注重这个人的人品，用发展的、长远的眼光去看，而不是从他现在所处的身份地位来看。

子谓公冶长："可妻也。虽在缧绁之中，非其罪也。"以其子妻之。（《论语·公冶长》）

孔子谈到公冶长时说："可以把女儿嫁给他做妻子。虽然这个人蹲过监狱，但那并不是他的过错。"孔子就把自己的女儿嫁给了公冶长。

二是评价人要全面，要以这个人为社会做的贡献为根本标准。孔子对管仲有两个完全不同的评价。孔子在《论语·公冶长》里批评了管仲的三大毛病：气量小、不简朴、不知礼。然而孔子却在《论语·宪问》里称赞管仲是仁者，管仲虽然有一些小毛病，但他为整个社会的发展做出了很大的贡献。

在我们灿烂而悠久的历史长河中有很多存在争议的人物，比如近现代的曾国藩、袁世凯、蒋介石、汪精卫等。我们在评价这些人物时，不能不看他们的人品，他们做过哪些事，但最重要的标准是这个历史人物为社会的发展做出了怎样的贡献，为后世留下了什么样的影响。

孔子是个好老师

3. 话该怎么说

> 子曰:"可与言而不与之言,失人;不可与言而与之言,失言。知者不失人,亦不失言。"(《论语·卫灵公》)

孔子说:"可以和他谈话却不和他谈话,这就失掉了人才;不可以同他谈话却谈了话,这就白费口舌。有智慧的人既不会失去人才,也不会白费口舌。"所以话该怎么说不仅是交益友、远小人的人际交往问题,还是一个关系到君子修养的大问题。如果话都说不好,就称不上是一个君子了。孔子还说:"君子不以言举人,不以人废言。"(《论语·卫灵公》)就是说君子不会因为一个人说话好听就提拔他,也不会因为一个人人品差就对他正确的话也置之不理。

说话是一件很重要的事。什么时候应该说,什么时候不应该说,应该说的时候怎么说,不应该说时又如何回避,这些都是我们时刻面临的问题。孔子在说话方面有自己深刻的见解。

话不能乱说,但该说的话也一定要说。孔子认为人们在说话上要注意防范三种过失。

> 孔子曰:"侍于君子有三愆(音千):言未及之而言,谓之躁;言及之而不言,谓之隐;未见颜色而言,谓之瞽(音古)。"(《论语·季氏》)

孔子说:"陪着君子说话要注意避免三种容易犯的过失:还没轮到你说话的时候就说话,这是急躁;已经轮到你说话却不说,这叫隐瞒;不看对方的脸色就轻率乱说,这叫睁眼说瞎话。"

说话的第一种过失就是抢话说,这会让人家对你产生厌恶感。第二种过失是选择性地说谎,或许你说的内容都是真的,但你没说重点内容,造成事实上的隐瞒,其实就是一种说谎。现在社会上流行这样一种处世哲学:假话

七、交益友，远小人

全不说，真话不全说。这种处世哲学不能说对，也不能说错，需要看情况而定。比如，在过年时父母家人欢聚一堂，对有些不好的事，如果父母不特意问到就可以暂时不说，而是寻找适当的时机告诉父母。但如果是给领导汇报工作避重就轻，只是谈自己干了什么工作，取得了什么成绩，而对自己犯下的重大过失只字不提，这种做法就不对了。话语权是一种重要的权利，我们要珍视和用好自己说话的权利，在正确的时间、正确的地点说出正确的话。

说话中切忌溜须拍马，满嘴花言巧语。孔子非常讨厌花言巧语的人，孔子说："巧言令色，鲜矣仁。"(《论语·阳货》)在孔子看来，满嘴花言巧语、满脸堆笑的人是没有什么仁德的，因为他们随时准备讨好别人，放弃原则。孔子还说过："道听而途说，德之弃也。"(《论语·阳货》)就是说在路上听到的话就四处传播，这是背弃道德的行为。其实在我们的日常生活中有一些这样没事就爱传播小道消息、谈论是非的人，没有把心思放在工作上，倒是对别人的隐私很感兴趣，喜欢背后针对他人说长道短。这种人不思进取，就希望把别人的名声弄臭，唯恐天下不乱，的确是一副小人嘴脸。

那么，我们在日常生活中说话应该有一个什么样的基本标准呢？孔子用了五个字来回答这个问题："辞达而已矣。"(《论语·卫灵公》)就是说用语言表达清楚就可以了。这就要求我们首先要把话说清楚、讲明白，不要一句顺畅的话都说不好。其次是不要啰嗦，意思表达清楚就可以，不用添油加醋、啰哩啰嗦地把能用一句话表达清楚的意思说上十来句。说话固然要讲礼貌，但也不要用太多的礼貌性铺垫，那样会淹没你要表达的中心意思，也让听你讲话的人不胜其烦，更浪费别人宝贵的时间。现代社会时间就是财富，时间就是生命，浪费时间就是对别人极大的不尊重，也是对自己生命的不尊重。古代孔子都提醒人们注意这个问题，何况现代社会，我们更应"辞达而已"。

在说话上，有些人还爱犯一个毛病：吹牛。孔子当然是反对吹牛的，他把吹牛当成是君子的一种耻辱。

子曰："君子耻其言而过其行。"(《论语·宪问》)

孔子说："君子把他说的话超过他所能做到的事为耻辱。"现实生活中总

孔子是个好老师

有人爱吹牛,把自己吹得如何了不起,经常说一些自己不可能办到的事。吹牛这种事你第一次在别人面前干,人家可能很佩服你,心里想跟你说:"土豪,你太牛了,我们做朋友吧。"第二次又在人家面前干,可能就不大相信你的话了,心里想跟你说:"伪土豪,你就装,接着装,再装我就找你借钱了。"第三次你还在这个人面前干,这个人已经彻底不相信你说的话了,甚至不愿再听你在那里瞎吹,心里想跟你说:"你还吹呢,牛皮已经吹爆了,早晚有你栽跟头的那一天。"

人为什么会吹牛?因为要面子,而实际上自己的所作所为又没有挣来足够的面子,于是就用吹牛来满足虚荣。但是一个谎言总需要另一个谎言来掩盖,一次吹牛总是需要继续吹牛来维护,这样就在吹牛的恶性循环中不能自拔。但是吹起来的总是要破的,吹牛最后挣来的并不是面子,而往往是彻底丢掉了面子,为人们所不齿。不丢面子的最好办法是不吹牛,记住孔子的话,做个实实在在的君子。

4. 与君子交朋友

> 孔子曰:"益者三友,损者三友。友直,友谅,友多闻,益矣。友便辟,友善柔,友便佞,损矣。"(《论语·季氏》)

孔子说:"使人受益的朋友有三种,使人受害的朋友也有三种。同正直的人交朋友,同诚信的人交朋友,同见识广博的人交朋友,这是有益的。同虚伪做作的人交朋友,同当面顺从拍马屁的人交朋友,同花言巧语的人交朋友,这是有害的。"孔子说的前三种是君子的特点,后三种是小人的特点,这话就是告诉我们要同君子交朋友,不和小人做朋友,近君子、远小人。

与正直、诚信、学识广博的人交朋友,会使自己不断进步,有一天你会惊喜地发现自己在人品和学识方面都有很大提高。相反,如果和虚伪做作、

七、交益友，远小人

溜须拍马的人做朋友，自己的人格和学识层次也会跟着降低，或许有一天你会突然疑问自己怎么变成了这个样子。孔子认为交往的朋友对于一个人影响很大，《孔子家语·六本》就详细地记载了孔子的这一观点。

有一天，孔子说："我死了以后，子夏会越来越进步，而子贡会越来越退步。"

曾子就问："这话怎么说呢？"

孔子说："子夏喜欢与比自己贤能的人交往，而子贡喜欢谈论那些不如他的人。不了解儿子，看他的父亲就能知道一些；不了解一个人，看看他结交的朋友就能知道一些；不了解君主，就看看他的臣下就能知道一些；不了解某片土地，看看这片土地上的花草树木就能知道一些。所以说，与贤能的人相处，就像进入了放有香草的房间，时间久了就没觉得房间很香，那是因为自己也跟着变香了；与不怎么样的人交往，就如同进入了卖咸鱼的菜市场，时间久了，就不觉得里面有腥臭味了，因为自己也跟着带上腥臭味了。用来装丹砂的容器时间久了就会变成红色，而用来装黑漆的容器时间久了就会变成黑色。所以，君子一定要慎重选择交往的对象。"

这里，我们把孔子的那几句经典论述摘录下来，以供读者赏析品味。

与善人居，如入芝兰之室，久而不闻其香，即与之化矣；与不善人居，如入鲍鱼之肆，久而不闻其臭，亦与之化矣。丹之所藏者赤，漆之所藏者黑，是以君子必慎其所处者焉。（《孔子家语·六本》）

子夏在孔子逝世后的确进步很大，成为孔子学说的重要继承人之一。然而子贡并没有如同孔子所说的越来越退步，而且官至宰相，富可敌国，且终身维护孔子的声誉。子贡之所以没有退步反而大有进步，重要原因应该就是子贡受到孔子这样的敲打，越来越重视自己交往的对象，选择真正值得交往的君子做朋友。

选择了君子做朋友，然后就是怎么相处的问题，这个问题颜回专门问过孔子。

颜回问朋友之际如何，孔子曰："君子之于朋友也，心必有非焉，而

孔子是个好老师

弗能谓'吾不知',其仁人也。不忘久德,不思久怨,仁矣夫。"(《孔子家语·颜回》)

颜回向孔子请教朋友之间该如何相处,孔子回答说:"君子对于朋友,心里确定朋友有错误的地方,不能说'不知道',这样才算仁德。把朋友的恩德长久地记在心里,把朋友间有过的仇怨忘记,这就是仁义的表现!"

孔子这段话表现了朋友相处之道的两个重要的方面,一是正直诚心;二是包容大度。正直诚心就体现在能够指出朋友的过错,真正为朋友好。当然,朋友有了过失一定要指出并帮他改正。不过也一定要注意指出错误的场合,尽可能避免在公开场合指出朋友的过失,导致朋友的难堪,甚至下不了台。一般可以在二人私下交流时友善地指出朋友的过失,并提出改正的建议,一起帮助朋友改正。

包容大度就是牢记朋友对自己的好,忘记朋友对自己的不好。有一句话

七、交益友，远小人

是这么说的：我把朋友对我的好刻在石头上，虽经风吹雨打依然清晰可见；我把朋友对我的不好写在沙土上，一阵风吹过去了，也就什么都没有了。这句话简直就是孔子这段话的网络版。

孔子告诉我们自己的朋友有了过失就要指出来并帮朋友改正。可是如果朋友根本就不听自己的劝告，不认为自己有错怎么办呢？对于这个问题子贡问了孔子。

子贡问友。子曰："忠告而善道之，不可则止，毋自辱焉。"（《论语·颜渊》)

子贡问孔子怎么对待朋友。孔子说："忠信地劝告朋友，用善道来引导他。如果他总是不听就算了，不要自取其辱。"朋友有过失我们需要严肃地指出来，但如果朋友就是不听，那就作罢，不然反而受到侮辱。这也是我们与朋友相处的一个重要的方面，不要因出于关心爱护而过分地管朋友。因为朋友毕竟不是你的子女，不适合耳提面命。

朋友在一起做什么呢？除了有事相互帮助外，就应该是相互交流和分享思想。朋友之间不必见面太频繁，但每次见面要好好聊一聊，聊一聊各自的见闻，交流一下思想。孔子的一个学生曾参说："君子以文会友，以友辅仁。"（《论语·颜渊》）君子交朋友是用来交流思想文化，相互勉励，培育仁德品格。人的思想文化和人格在交流中可以不断得到丰富和提升，朋友正是满足人们这种渴望而建立的友好关系。弄清楚做朋友的目的，就知道该如何交朋友了。当然，如果你不是从这样的目的出发，而是为了谋取个人私利去蝇营狗苟，那就是小人交朋友，不在这种范围之内了。

交什么样的朋友，是人生的一个大问题。今天社会上那些锒铛入狱的领导干部，那些倾家荡产的企业家，那些吸毒堕落的歌星影星们，哪个不是因为交友不慎走上了追悔莫及的道路？看一看孔子强调的君子交友原则，许多话早就说在了前面。

孔子是个好老师

八、向孔子学当官

1. 当官要有点儿想法

子路曰:"卫君待子而为政,子将奚先?"

子曰:"必也正名乎!"

子路曰:"有是哉,子之迂也!奚其正?"

子曰:"野哉,由也!君子于其所不知,盖阙如也。名不正,则言不顺;言不顺,则事不成;事不成,则礼乐不兴;礼乐不兴,则刑罚不中;刑罚不中,则民无所措手足。故君子名之必可言也,言之必可行也。君子于其言,无所苟而已矣。"(《论语·子路》)

孔子的团队很有想象力。他们周游列国,找机会为各国领导人提供咨询,但是在政治上得到重用的机会并不多,但这并没有让他们失去政治愿景,也没有妨碍他们的想象和假设。

子路尽管是个粗人但是并不缺乏想象力,提出了一个愿景问题:"老师,如果卫国君主要您去主政事,您打算从什么地方抓起呢?"

孔子郑重其事地回答:"那当然是正名啊!"

"老师,有您这样的吗?也太迂腐了!怎么是从正名抓起呢?"子路真是直截了当,在他看来应该找一件实事干啊,因此觉得老师太务虚了,怎么那么注重名分呢?不对路子。

孔子反倒认为子路的思路有问题:"子路啊,你也太粗野了!君子对于自

向孔子学当官

己不懂的事，要保持虚心的态度。如果名分不定，那说话就不顺当；说话不顺当，事情就办不成；事情办不成，礼乐制度就不能兴起；礼乐制度不能兴起，刑罚就不会得当；刑罚不得当，老百姓就不知道怎么办才好。所以君子来执政，首先要确立名分，这样说话就能顺当，事情就能办成。只是君子对于自己说的每一句话都要格外谨慎，不可以马虎随便而已。"

敢说孔子迂腐的，孔门中也只有子路了，这个学生很率直可爱。孔子虽然说子路粗野，但并不是嫌弃他，当时的语气应该也是半调侃的。接下来，孔子耐心地给子路讲解了正名的意义。正名是什么意思呢？就是要君君臣臣父父子子，做什么都摆正自己的位置，履行好各自的义务，同时用好各自的权利。而且，君主和父亲只是有相对的权威，而不是享有绝对的权力。孔子还说过：君使臣以礼，臣事君以忠。(《论语·八佾》)臣固然要忠心于君上，君上也必须以礼相待。所以后来那种"君叫臣死臣不敢不死"之类的极端说法，和孔子的主张没有关系。

孔子为什么一定要正名呢？第一，要正社会的名。当时社会正处于大转型时期，乱得很，所谓"君不君、臣不臣、父不父、子不子"，不论干什么行业的都不守什么规矩，没有"职业道德"。社会乱套了，失去了秩序。面对这种问题怎么办？就要把每一种社会角色规定好，明确各种角色的社会名分、基本要求，各种角色不能超越的底线、边界。孔子认为这是恢复社会秩序的起点。其实这样做并不迂腐，而是必须如此。在这个问题上，让我们联想到党的十七大之后的八项规定，明确要求什么级别的领导干部不能如何、什么单位举办什么活动不能如何，这不是很有效吗？第二，要正自己的名。国君授给的是什么职务，这种职务有什么权力、责任，权力、责任的边界在哪里，一定要讲清楚，并且向社会公开宣布。如果连这个问题都弄不清楚，就是个糊涂官；如果国君授权，连这个问题都是糊涂账，你还干什么事？有名无实，什么都干不了，这样的官干着也没什么意思。第三，正名是为了刑罚治理。孔老师讲得很清楚，名分弄不准确，权责利就不清，刑罚制定就不会得当；

八、向孔子学当官

刑罚不得当,你就没法管理社会,老百姓就不知道怎么办才好。所以,孔老师尽管实践经验不太多,但是在行政工作上看得很明白,态度很务实,起点很明确,理论很联系实际,如果有更多机会从政,应该是"踏石留印、抓铁有痕"的。

孔老师对于从政是有自己的想法的,他已经明白当时的社会问题出在哪里,又该如何去解决这些问题。人家的从政动机很纯,从政思路清晰,从政措施针对性很强。在今天现实生活中,有些人选择去从政不是因为自己有什么样的政治抱负,不是要为社会、为老百姓做点儿什么好事,而是看中地位,觉得从政当官有面子,有油水可捞。这种人的从政动机就不纯洁,一旦当上官就会耀武扬威,骑在老百姓的头上作威作福,成为欺压老百姓的社会寄生虫。

《孔子家语·正论解》里讲了这样一个"苛政猛于虎"的故事:孔子到齐国去,从泰山旁边经过时看见一个妇女在野外哭得很伤心。孔子心理学弄得很通,感觉很敏感,在车上听着哭声就说:"哭得这么伤心,好像是有好几重伤心事。"孔子就让子贡前去问问。

妇人果然有几件伤心事,边哭边说:"以前我的公公被老虎咬死了,后来我的丈夫又被老虎咬死了,现在我的儿子也被老虎咬死了。"

子贡听了不明白:"那你们家为什么不离开这里呢?"

妇人摇头说:"只有这里才没有繁重的苛捐杂税啊。"

子贡就把事情告诉了孔子。

孔子叹气说:"看来苛政比老虎还要凶猛啊!"

这就是"苛政猛于虎"成语的来历。这个故事让人很震撼,很无奈,也无语,也会有很多思考。一个人要选择当官就要当一个好官,要不然就是祸害社会,侵害老百姓的利益。

从政是要做管理社会的工作。要做这项工作,首先要反问自己有什么样的愿景,用什么样的方式去工作。当一个人没有什么想法、没有确定方式的时候,就不要去从政。而从政需要相关的业务知识、工作能力。所以孔子说:

孔子是个好老师

"不患无位，患所以立。不患莫己知，求为可知也。"(《论语·里仁》)就是说，不要担心自己还没有官位，而要担心自己能不能立得住。不要忧愁自己没出名，而是要努力具备出名的能力。

> 或谓孔子曰："子奚不为政？"子曰："《书》云：'孝乎惟孝，友于兄弟，施于有政。'是亦为政，奚其为为政？"(《论语·为政》)

孔子尽管周游列国，见到国君和显贵很多，也有很多机会，但是孔子坚守自己的底线，没有随便去某一个显要位置去当官。对此有人不理解，问孔子："你为什么不从政？"孔子回答说："《尚书》中讲'孝顺父母，友爱兄弟，并将这种品德影响到政治。'这就是参与了政治，为什么非要做官呢？"

孔子并不认为只有当官才是参与政治，他认为只要影响到社会，就是在参与政治，因为你产生了政治影响。孔子认为在家孝顺父母、友爱兄弟也能使一方的民风更好，也算是参与了政治。每个人都能影响社会，都是在参与政治。也就是说，影响社会并不一定通过掌握权力。如果不具备做官的条件就不要做官，你可以做别的来影响社会。孔子对政治的影响有多大？他就是一个很好的例子。

一个人的影响力，关键是是否具有正能量。

> 齐景公有马千驷，死之日，民无德而称焉。伯夷、叔齐饿于首阳之下，民到于今称之。其斯之谓与？(《论语·阳货》)

齐景公有四千匹马，死的时候，老百姓没觉得他有什么德行可以称颂的。伯夷、叔齐饿死在首阳山，百姓们至今还在称颂他们。这就是区别啊！如果当官就像齐景公这样，积累了一大堆自己的私财，而没有为老百姓做什么事，又有什么值得称道的呢？参与政治关键是给社会什么影响，没有给社会做出贡献，没有给社会传递正能量，不论你当多大官也不过是一个享乐者，又有什么价值呢？

2. 有权不能任性

> 季康子问政于孔子曰:"如杀无道,以就有道,何如?"孔子对曰:"子为政,焉用杀?子欲善而民善矣。君子之德风,小人之德草,草上之风,必偃。"(《论语·颜渊》)

鲁国的季康子,当时官居正卿,也就是总理兼军队总司令。他手里掌握鲁国的生杀大权,向孔子请教政事时问:"如果杀掉坏人,亲近好人,怎么样?"尽管孔子在做鲁国政法最高领导的时候(官名司寇),曾亲自下令诛杀了当时很有社会影响的少正卯,但孔子是主张少杀人的。孔子反问季康子:"你治理国家,为什么要用杀人的方法呢?你自己如果做善事,百姓也就跟着做善事。当官人的道德就像风,平民百姓的道德就像草,风在草上吹,草必然随着风向倾倒。"孔子这话就是说,自己做不到而去强行要求别人做到,别人做不到就严刑峻法,甚至杀人,这种治理社会的方式是不可取的。有权不能任性,最好的办法是当官的人首先做好自我管理,加强自我修养,要求别人做到的自己先做到,用自己的道德情操和行为去感化民风,来改变社会。

季康子是季桓子的儿子,季桓子死后,季康子继任成为鲁国除国君之外最有权势的人。有周游列国经历、最后晚年回到鲁国的孔子,在鲁国被尊为国老,季康子对他还是很尊重的。但是季康子这个人本身不太公正,用权有些过度,所以孔子直接针对季康子本人的问题给予了回答。

> 季康子问政于孔子。
> 孔子对曰:"政者,正也。子帅以正,孰敢不正?"(《论语·颜渊》)

季康子向孔子请教怎么治理国家。孔子说:"政,就是公正、端正,如果你自己带头公正了,谁还敢不公正呢?"其实孔子的回答涉及到治国理政中

的一个大问题：从政者本身的自我管理。一个没有自我管理能力的人是很难去管理别人的，矫正别人往往要从矫正自己开始。对于这一观点，孔子还说过另一句很有名的话："其身正，不令而行；其身不正，虽令不从。"（《论语·子路》）就是说当官的人自身品行端正，即使不颁布法令，老百姓也会去做；如果当官的人品行不端，颁布了法令，老百姓也不会去做。为什么？因为老百姓都有一双眼睛，看得清你的法令是真是伪，是否公平，他们认为是不公平的、伪的法令，不能让人心服口服，就不会有共识，当然就会以公开或者隐蔽的方式来对抗，你的法令效果就会大打折扣。只有当官的品行端正、遵守法令，大家才会在示范之下形成共识，有共识法令才会真正产生效果。

季康子虽然不大采用孔子的意见和建议，但他经常向孔子咨询一些关于治国理政方面的事宜。这或许是因为季康子的确想从周游列国、见多识广的

八、向孔子学当官

孔子那里获取一些治国理政的智慧来解决难题,但由于现实复杂环境的束缚,孔子的很多思想是无法付诸实施的。

季康子患盗,问于孔子。孔子对曰:"苟子之不欲,虽赏之不窃。"(《论语·颜渊》)

季康子苦于鲁国盗贼猖獗,向孔子请教如何消除这种不良的社会风气。孔子回答说:"如果自己能够做到不贪欲,即使奖励偷盗,也是没有人干的。"看来孔子是看准季康子自身有必须解决的思想问题,所以他每次回答都集中在季康子思想道德问题上:你先把自己的问题解决好吧,解决好了才能解决社会问题。孔子的这次回答直接批评季康子的贪欲导致盗贼猖獗。

孔子是否对高层领导者都持一种批评态度?并非如此。例如孔子对另一个国家的一位官员是赞誉有加的,原因就是这个人懂得节制,有效地控制自己的贪欲。

子谓卫公子荆:"善居室。始有,曰:'苟合矣。'少有,曰:'苟完矣。'富有,曰:'苟美矣。'"(《论语·子路》)

孔子在谈到卫国的公子荆(相当于省部级干部)时说:"公子荆这个人知道节制,很会过日子。刚开始有一点儿东西,他就说:'差不多足够了。'稍多一点儿时,他说:'差不多完备了。'更多一点儿时,他说:'差不多完美了。'"这样有分寸、知道自我控制的领导者,就是孔子所提倡的君子型领导干部。

当然,作为一个官员,只是品行端正,懂得节制是不够的。现在有一种官叫做庸官,这种官也许不干坏事,不贪赃枉法,但也不干好事,或者说是消极干事,应付了事。他们善于搞形式主义,上级要检查时就做得很漂亮,无人查看时就天天喝茶看报纸不干事。这种官显然无法把工作做好,也无法管理好别人。一个好官要能工作上真正起到示范作用,带领下属高效工作,才能取得老百姓的认可。

子路问政。子曰:"先之劳之。"请益。曰:"无倦。"(《论语·子路》)

子路请教怎么处理好政事。孔子说:"自己先做到勤政,然后带领老百姓

孔子是个好老师

勤劳。"子路请求多讲一些。孔子说:"不懈怠。"子路这个人做官应该比较有正气,那么孔子就没有针对这个问题来讲,而是讲了另外一个问题,这就是要勤政。我们来看看子路请教孔子之后这官做得怎么样。

《孔子家语·辩政》里记载了这样一个故事:子路治理蒲这个地方已经三年了,孔子路过那里就准备进去看看。刚一进地界,孔子就称赞说:"好啊!子路恭敬而讲诚信。"进城后,孔子又称赞:"好啊!子路忠信而敦厚。"到了子路的办公室,孔子还称赞说:"好啊!子路明察而果断。"孔子给出这样的评价,在学生中很是难得,尤其像子路这样多次挨批评的学生。

在一旁的子贡有点儿听不下去了,就问孔子:"老师您这还没见到子路怎么处理政事就一连三次称赞,您能不能告诉我子路做得怎么个好法?"孔子说:"我已经看到子路做了些什么。我们进入蒲地,看到田地都得到了整治,荒地基本上都用上了,这说明子路为政恭敬而诚信,所以老百姓种庄稼也很卖力。进城后,看到城墙房屋都很完整坚固,树木长得很繁茂,这说明子路忠信敦厚,老百姓也安居乐业。到了他的办公室,发现办公人员比较清静平和、各司其职,这说明子路遇事明察而果断,所以政事处理得得心应手。由此看来,我尽管已经称赞了他三次,其实不过分。"

我们可以看出子路在孔子的教导下这官做得相当好,勤政爱民,把蒲这个地方治理得杠杠的。做官要像子路那样,有权不任性,加强自我管理,勤政爱民,用手中的权力为老百姓做实事、做好事。

3. 民风教化是件大事

子适卫,冉有仆。

子曰:"庶矣哉!

冉有曰:"既庶矣,又何加焉?"

曰:"富之。"

曰:"既富矣,又何加焉?"

八、向孔子学当官

曰:"教之。"(《论语·子路》)

孔子到卫国去,冉有给他赶车。俩人一边坐车一边聊。

孔子一边看一边说:"人真多啊!"

冉有若有所思,给孔老师抛出了一个问题:"人口既然很多了,接下来该做什么呢?"

孔子说:"使他们富有起来啊!"

冉有又抛出了一个问题:"富了之后,又该怎么做呢?"

孔子回答:"教化他们。"

孔老师喜欢讨论问题。在讨论问题的时候,孔老师既喜欢自己设置问题,也喜欢学生提出问题。可以设想,这师徒二人,一边坐在马车或者牛车上,一边讨论问题,该是一幅多么有趣的画面啊!

在孔子看来,治理一个国家,首先要使这个国家的人口多起来。人口多非常重要,人类文明最重要的载体不是万里长城、金字塔和玛雅遗址,不是考古发现和文献记载,甚至不是语言和民俗习惯,而是人本身。因为所有的文明形式都是人创造的,也是为人服务的。所以传承一种文明的最重要的方式是让浸润在这种文明中的人得以存活并兴旺。

当然仅仅人多是不行的,如果大家都过得非常苦,那就是一群穷哈哈。作为从政者一定要考虑怎么让老百姓过上好日子,带领老百姓走出贫穷落后的困境。富起来之后要教化老百姓,要让他们有文化、有学识,成为高素质的人才。

孔子的这一观点可以归纳为四个字:庶富后教,也就是鼓励生育——发展经济——发展文化教育。其实,这三者是并行不悖的,并不是说人口要很多了之后才开始发展经济,经济条件很好了之后才发展文化教育。这三者需要同时进行的,只是不同时间段侧重点有所不同。在还没有多少人口时,当然要大力发展人口;人逐步多起来之后,就要把重心放在发展经济上,要让

 孔子是个好老师

这些人很好地生存下来,过上体面的生活;当生活好起来之后,人的文化教育需要就会很迫切,此时政府的重心自然应该放在发展文化教育事业上,就是民风教化的问题,用现在的话讲叫做精神文明。

精神文明也就是民风教化以什么为抓手呢?这可是我们今天社会发展阶段所关注的重大问题。对于这个问题,子贡已经帮我们问过孔老师了,孔子回答很明确:建立社会信用是强有力的抓手。

> 子贡问政。
> 子曰:"足食,足兵,民信之矣。"
> 子贡曰:"必不得已而去,于斯三者何先?"
> 曰:"去兵。"
> 子贡曰:"必不得已而去,于斯二者何先?"曰:"去食。自古皆有死,民无信不立。"(《论语·颜渊》)

子贡请教孔子当一个好官该做些什么。

孔子说得很明确:"抓好三件事:粮食生产、军队建设和建立社会信用。这三件事办好了就行了。"

子贡开始给老师出难题了:"如果迫不得已要有所舍弃,这三件事先舍弃哪一件呢?"

孔子肯定地回答:"军队建设。"

子贡继续出难题,让老师在粮食生产和讲信用之间选择:"如果迫不得已,还要舍弃一件事,还舍弃哪一件呢?"

孔子说:"那就舍弃粮食生产吧。人固有一死,但如果没有社会信用,整个国家是立不住的。"

这里的社会信用有两个方面的含义:一是政府信用,政府能够取信于民;二是民众的信用,每个人是一个守信的个体,整个社会是一个讲信用的共同体。在孔子看来,一个国家存在必须具备三大基本条件:国民的温饱、国家的军事力量和社会信用。如果要给三个基本条件来一个排序的话,排在第一位的是社会信用,第二位是国民的温饱,第三位是军事力量。

八、向孔子学当官

当然，这个说法与我们熟知的历史唯物主义有些区别，历史唯物主义是把社会的物质生产放在第一位。试问如果民众都要饿死了，还会讲什么社会信用吗？社会存在决定社会意识，这是历史唯物主义的一个基本结论。孔子这里说的情况，实际上是极端情况下的迫不得已，而且这里的舍弃是指有条件地放弃，起码还是得保证民众能活着。孔子这里只不过是强调信用的重要，因为人与人之间如果连起码信用都没有，社会上就什么事情都有可能发生，人与人之间的关系可能连动物都不如，没有道德和文明可言。

孔子在那个时代，就指出了精神文明的第一抓手就是信用体系建设。今天许多问题也启发我们思考：如果不从信用入手来实实在在地建设精神文明，那么喊多少冠冕堂皇的口号，讲多少气贯山河的大概念，进行多少灌输式的教育，社会道德依然会滑落下去。孔子在2000多年前就抓住了关键中的关键，那么我们是否该认真思考一下？

孔子关于民生教化的思想还有很多，比如前面讲到的正名、礼仪等内容。孔子在民风教化上的主张可以用两个字来概括：德政。关于为什么要使用德政，我们来看看孔子的两句经典表述：

> 子曰："为政以德，譬如北辰，居其所而众星共之。"（《论语·为政》）

> 子曰："道之以政，齐之以刑，民免而无耻；道之以德，齐之以礼，有耻且格。"（《论语·为政》）

孔子认为，当政者要以德治国，德治就像北极星那样，泰然处在自己的位置，众多的星星都环绕着它。如果用政令来管理百姓，用刑罚来约束他们，百姓只求免于犯罪，却对犯罪没有耻辱感；而用道德去教化老百姓，用礼仪去约束他们，老百姓就会有犯罪的羞耻感，进行自我约束。

现在有的主张依法治国的人，并不认可以德治国。其实这种观点是偏颇的。的确，不能用以德治国代替依法治国，而且孔子也没有说不能用刑罚。但是，孔子说你要让人们对犯罪有羞耻感，让他们懂得自我约束。羞耻感和自我约束，并不都是法律可以培养起来的，因此要靠道德来引导，需要这方

面相应的规范、仪轨。在当今强调依法治国时代,法律无疑是治理国家的根本依据和凭借,是政府和公民行为的硬性框架,这是不可否认的。但是,法律为何而来?法律是为了公平正义而设立的,而公平正义本身就是道德概念,道德的根本要求是法律的原始依据。也就是说,法律和道德在根本上是一致的。另外,法律也无法替代道德。一个社会的人与人之间关系问题,不能都靠公检法来协调解决。要想社会有序、协调运行,人与人之间还需要自动的、柔性的调节剂,需要内化于心的道德规则来调适。因此从治理国家的角度讲,肯定离不开以德治国。如果道德能够解决一些问题,总比用刑罚强,也总比动辄起诉要好吧?看来在这个问题上,还是要学一点中庸之道,兼取两者之长为好。

4. 学会尊重与协作

子曰:"为命,裨谌草创之,世叔讨论之,行人子羽修饰之,东里子产润色之。"(《论语·宪问》)

孔子说:"郑国制定的法令,由大夫裨谌(音必晨)来起草,接着大夫世叔提出修改意见,然后由外交官子羽加以修饰,最后由来自东里的子产润色完成。"政治工作是一个由公务员集体合作完成的工作,一项政治工作的出色完成一定是集体智慧的结晶,而不是单打独斗的结果,所以当官要学会相互尊重与协作。

我们知道孔子是做过大官的,他做的官是鲁国的大司寇,相当于现在的政法委书记。他的工作就是审理各种案件,教化民风。春秋时期的孔子做工作就有民主的作风,充分发挥每一个工作人员的才智,尊重每一个人的意见。《孔子家语·好生》里记载:

孔子为鲁司寇,断狱讼,皆进众议者而问之,曰:"子以为奚若?某

八、向孔子学当官

以为何若?"皆曰云云如是,然后夫子曰:"当从某子,几是。"(《孔子家语·好生》)

孔子在审理案件时都会邀请很多人参与讨论,开研讨会,向他们咨询该怎么处理这个案件。孔子往往会问其他同事:"您觉得这样处理怎么样呢?某某人的意见又是什么呢?"大家都充分发表意见后,孔子经过权衡之后说:"我觉得某某的意见不错,按照他的建议做应该是不会错的。"

看看,咱们的孔老师当起官来可不是乾纲独断啊!而且,孔子认为要把工作做好,不仅要尊重同事的意见、与同事们精诚协作,还要尊重每一个老百姓的意见,给他们表达的渠道和空间,倾听他们的心声,从而在与老百姓的互动中做好服务老百姓的工作。孔子的这一观点我们可以从他对"子产不毁乡校"的点评中看出来。

《孔子家语·正论解》里记载了这样一个故事:郑国设有乡校,也就是地方学校。文人和老百姓在这里聚集起来,乡校里面的人容易经常议论和批评朝政。郑国的一个大夫就想废除乡校,免得他们在乡校里胡言乱语,郑国当时的执政大夫子产表示反对。子产说:"何必要废除乡校呢?人们工作忙完了来这里聊聊天、唠唠嗑,评价一下咱们的所作所为不是挺好嘛。他们认为什么是应该做的,我们就去做;他们认为有什么做得不对的地方,我们就改正。我听说过用忠言来减少怨恨的,没听说过通过树立权威来防止怨恨的。防止怨恨就像防止水患一样,如果洪水大量聚集而造成决堤,灾祸就严重了,就没法挽救了。与堵塞水流相比,不如把水放掉并加以疏导;与反对人们议论时政相比,不如听取这些言论来改进我们的工作。"

孔子听说了子产这样的话,很赞成,感慨地说:"有人说子产不是仁者,从这件事看,我是不相信的。"

让人说话,这是古今社会治理的一个重要而有效的途径。有时候我们看到人们议论纷纷,表达不同意见,甚至宣泄情绪,似乎是很不好的事情。但是其实这有两个好处,其一是人们意见表达出来,有利于政策的改进;其二是社会稳定需要负面能量的释放,尤其是比较有利于社会稳定的能量释放途

径，可以防止极端事件的发生。例如现在大学生群体比较稳定，一位调查者问一个大学生：现在的学生为什么不像过去一样，上街表达情绪？这位大学生回答：上网该说啥都说了，谁还上街？其实这句话告诉我们：人们吐槽的网络，其实是社会的减震器，应该把它这种功能利用好。

孔子比较重视建立一种秩序，公职人员有序地工作，要进行合理的分工，并尊重已经分好的工。尤其是当领导的不要老去插手别人的事，别人能做的事要能放手让人去做。不管作为一个什么层次的领导，都不要去指点同事和其他部门的事。

子曰："不在其位，不谋其政。"曾子曰："君子思不出其位。"（《论语·宪问》）

孔子说："不在那个职位上就不要考虑那个职位上的事情。"曾子说："君子思考的问题不要超出自己的职权范围。"

公职人员要知道自己的边界，不要越界，否则就把秩序和氛围搞乱了。一个再能干的人，对于同事的工作也不要总是多管闲事，把别人的活抢过来干。一个官员首先要做好自己的本职工作，不要"耕了别人的田，荒了自己的地"，因为这样同样会招致同事的不合作，甚至怨恨，反倒影响工作效果。当然，对于同事提出的帮忙请求，一定要全力以赴地帮忙做好。

其实对于部下也是如此。作为上级领导，有的人给下属布置一项任务之后，总觉得下属做不好，时时刻刻需要自己去指点。可能你的下属开始的确干得不好，但你总是去指指点点、指手画脚，到最后你的下属还是不会干，而且会无所适从。不但你的下属没有得到成长，没有成就感，不会感激你，而且你也会很忙很累。这种人其实是不会干工作，即使累死也没有多少人同情他。

5. 什么叫政治把握能力和政治敏锐性

子张学干禄。子曰："多闻阙疑，慎言其余，则寡尤；多见阙殆，慎

八、向孔子学当官

行其余，则寡悔。言寡尤，行寡悔，禄在其中矣。"（《论语·为政》）

孔子的陈国学生子张请教怎么能当官。孔子说："多听听别人怎么说，把有疑问的地方放在一边，谨慎地谈论其他更多的东西，这样就能减少过失；多看看别人怎么做，把没见识的事情先放在一边，谨慎地去做除此之外的事情，这样就能减少懊悔。基本不说错话、不做错事，就能去当官了。"我们经常听到一个词——政治把握能力，感觉这是一个高深莫测的词，不是一般人能够具备的。其实，孔子这里对子张要去做官的教导就是政治把握能力的一些要求。

要具备政治把握能力首先要具备政治敏锐性，而要具备政治敏锐性首先要有政治鉴别力，能够见微知著，从小事情中感受民风民情。一个公众人物的言行要考虑社会影响，力求自己的言行给整个社会带来正能量、好风气，而不是负能量、坏风气。孔子告诉学生，当官一定要把问题弄清楚、学习到位，不弄清楚、不学习到位，事情把握不好，就不要随便发表意见、不要随便下令去做，不要乱表态、瞎指挥，否则就是一个不合格的领导。

孔老师总是教育学生和官员更多地从社会效果上来调整自己的行为。《吕氏春秋·察微》里记载了这样一个孔门故事——鲁国有一道律法：凡是见到鲁国人在他国沦为奴隶的人，自己垫钱把奴隶买回来，可从鲁国领取一定份额的钱作为奖赏。很多被人当作牛马使唤的鲁国人奴隶因此而获救。子贡也赎回了一个鲁国人，却不去接受赏金，鲁国上下听说这件事后纷纷称赞他重义轻财。子贡也觉得做了善事而不求财物回报是更高的善举，因此十分得意。孔子听说了这个消息，却很不高兴，对子贡说："子贡啊，你做错了！如果你也领了赏钱，你的品性名声并没有受到什么损害；但你不领赏钱却会导致其他人不再去赎人。"

又有一次，子路救了一个溺水的人，被救的人很感激，要送一头牛给他，子路收下了。孔子听说之后，非常高兴，说道："从此之后，再见到溺水的人，

必定人人奋力相救。"

这个故事的结尾针对孔子对子贡、子路做好人好事的不同态度给出了评价：孔子见之以细，观化远也。其实，子贡救人不领赏钱的确是高尚行为，一般人做不到；子路收了别人的回赠，一般人做得到。从一般的道德评价来讲，子贡的行为比子路高尚。但子贡、子路都是鲁国名人，子贡的行为可能会导致人们赎回了奴隶而不好意思去领钱，就不去赎买奴隶了，要知道不是人人都如同子贡那般有钱、有品德；子路的行为虽然没有子贡的行为高尚，但可以带动更多的人去行善。所以，孔子批评了子贡而表扬了子路。

政治敏锐性要求从政者能够见微知著，能够预判一件事的社会影响。有人把政治敏锐性理解为灵敏的政治嗅觉，及时了解上级动向，学会明哲保身。在孔子看来，在复杂的政治环境中君子当然也需要自保之道，但更重要的是正直行事。这里，我们来看看孔子对于几个处在复杂政治环境中政治人物的态度。

子曰："宁武子，邦有道，则知；邦无道，则愚。其知可及也，其愚不可及也。"（《论语·公冶长》）

孔子说："宁武子在国家政治清明时，显得很聪明；在国家政治黑暗时，他就装傻。他的聪明别人赶得上，他的装傻别人赶不上。"宁武子是卫国的大夫，读了孔子这句话，我们觉得宁武子这个人很能装。用现代的网络用语来点评宁武子就是"人生如戏，全凭演技"。孔子对待宁武子的这种做法没有持否定的态度，但也绝没有提倡的态度。国家政治清明就表现得很聪明，这是尽到了一个做臣子的责任；国家政治黑暗时就装傻，孔子是表示理解的，但不是孔子提倡的。不过，当时"愚不可及"绝对不是一个贬义词，而是说"人家装傻这是一般人学不来的"，还是做了一定肯定的。当然这不是完全的肯定。

那么，孔子提倡的是什么呢？

子曰："邦有道，危言危行；邦无道，危行言孙。"（《论语·宪问》）

八、向孔子学当官

孔子说:"国家政治清明,要言行正直;国家政治昏暗,行为要正直,但言语要谦虚谨慎。"而且孔子认为,一个人在国家政治黑暗时做大官,发国难财是一种耻辱。(宪问耻。子曰:"邦有道,谷;邦无道,谷,耻也。"(《论语·宪问》))孔子更提倡在国家政治黑暗时要么正直行事,促使政治局面向好的方向发展;要么就不做官,以免成为黑暗政治的帮凶,也毁了自己。

子曰:"直哉史鱼!邦有道,如矢;邦无道,如矢。君子哉蘧伯玉!邦有道,则仕;邦无道,则可卷而怀之。"(《论语·卫灵公》)

孔子在官员对待官位和国家关系上,非常赞赏卫国大夫史鱼。他说:"史鱼真是正直啊!国家政治清明时,他的言行像箭一样直;国家政治黑暗时,他的言行还是像箭一样直。蘧伯玉真是一个君子啊!国家政治清明时,他就出来做官;国家政治黑暗时,他就隐退起来。"

史鱼和蘧伯玉这两个人是有故事的,在这个故事中,史鱼的正直超乎我们的想象。《孔子家语·困誓》中记载了"史鱼史谏"的故事:卫国的蘧伯玉德才兼备,但卫灵公却不重用他;而一个叫弥子瑕的家伙作风不正派,反而得到卫灵公的重用。史鱼是卫国一位大臣,看到这种情况多次进谏,卫灵公就是不听。

后来,史鱼得了重病,在去世前把儿子叫过来嘱咐他说:"我在做官的时候,却不能够进荐贤德的蘧伯玉而劝退弥子瑕,是我身为臣子却没能防止国君犯下过失啊!生前无法正君,死了也没脸举办丧礼。我死后,你将我的尸体放在窗子下,这样就行了。"

卫灵公前来吊丧时,见到大臣史鱼的尸体竟然被放置在窗下,就去责问史鱼的儿子。于是,史鱼的儿子就将史鱼死前的交代原原本本地告诉了卫灵公。卫灵公听后很受震撼,说:"这是我的过失啊!"然后让史鱼的儿子好好安葬史鱼。卫灵公回去后便重用了蘧伯玉,接着又辞退了弥子瑕并疏远了他。

孔子听说这件事后赞叹道:"自古以来有许多敢于直言相谏的人,但到死了便也结束了。还没有像史鱼这样的,死了还用自己的尸体来劝谏君王,用自己的赤胆忠心感化了君王,难道还称不上是正直的人吗?"

 孔子是个好老师

在政治敏锐性上,还要强调一个人对自我的正确认识,知道自己的斤两。当官不是当得越大越好,要是自己的德行、见识和能力达不到就身居高位,要么害了自己,要么害了别人、害了社会。每一个想当官的人都要对自己有一个清晰的认识,然后再去决定是否去当官,究竟适合当哪个层次和哪个岗位的官。子曰:"德薄而位尊,知小而谋大,力小而任重,鲜不及矣!"(《周易·系辞下》)德行不够而官位很高,智慧不足而谋划很大,能力有限却担负重任,这样的人迟早要遭遇灾祸的。

孔子这段话对那些一心往上爬的人是个提醒。德行不够、见识有限、能力低下,却野心勃勃,不择手段,即使可能爬了上去,捞到了好处,结果出了问题,等待他们的却是党纪国法的惩罚,以及人们的唾弃。这样的人还少吗?

九、孔门是个"学习型组织"

学习型组织是信息化酝酿和发展阶段出现的管理和学习的新理念。最初的构想来自于美国麻省理工大学佛瑞斯特教授。1965年，他发表了一篇题为《企业的新设计》的论文，运用系统动力学原理，构想出未来企业组织的理想形态——层次扁平化、组织信息化、结构开放化，使组织成员的关系逐渐由从属关系转向为工作伙伴关系，不断重新调整结构关系，这其实已经提出了新型组织的关键性构想。当然，当时佛瑞斯特还没有使用学习型组织的概念。

彼得·圣吉是学习型组织理论的奠基人。作为佛瑞斯特的学生，他一直致力于研究以系统动力学为基础的更理想的组织。彼得·圣吉在1990年出版了他的代表作《第五项修炼——学习型组织的艺术与实务》。这本书提出五项修炼分别是：自我超越、改善心智模式、建立共同愿景、团队学习和系统思考。由于系统思考贯穿五项修炼的始终，也是五项修炼之中方法和灵魂的东西，所以该书取名为《第五项修炼》。该书一出版即在西方产生极大反响，彼得·圣吉也被哈佛的《商业评论》评为"世界有史以来十大管理大师之一"。《第五项修炼》以及随后的《第五项修炼·实践篇》《变革之舞》的问世，标志着他关于学习型组织的理论框架的基本形成。当然，阿基里斯的双环学习理论、奥托的U型理论、中国学者提出的方法等都是学习型组织理论的组成部分。学习型组织理论在中国获得很大发展，在此基础上还提出了建设学习型政党、学习型社会和学习型大国。对于学习型组织，笔者曾经在总结国内外理论和实践基础上，提出"找到问题—小组研讨—自主学习—知识共享—深入研讨——突破操作"的链式学习法。

孔门是一个"学习型组织"

九、孔门是个"学习型组织"

尽管学习型组织是现代理念,但古今学习上许多东西是相通的,孔门就很像今天的学习型组织。我们可以通过借鉴传统的古老智慧,更好地开展今天学习型中国的建设。

1. 带着问题学

> 子曰:不愤不启,不悱不发。举一隅不以三隅反,则不复也。(《论语·述而》)

孔子说:"不到学生心里很想弄明白又弄不明白时,我不去开导他;不到学生想说而说不出时,我不去启发他。给学生讲出一个道理,他不能推导出类似的三个道理,我就不再重复教导他。"

前面我们讲到,进入孔门并不是一件难事,只要你带十条干肉的见面礼,表示愿意接受培育就可以。但进入孔门不等于就是好学生,就能学习得很好。做孔老师的学生不容易,他要求你自己思考问题,而且你不到急着把问题弄明白,又因为弄不明白而百爪挠心的时候,孔老师是不去主动帮你解决问题的。你到了有话要说,又说不出来,在心里反复折腾、不吐不快的时候,孔老师才去启发你,否则他让你自己去闷着琢磨吧。他给你讲一个道理,你一定要推导出三个以上有关的道理,这就是后来成语中的"举一反三"。你做不到这一点,是个只知道死学的四脚书橱,那就算了,人家孔老师不再给你讲第二遍了,你自己去反思吧。

我们现在讲启发式教学,人家孔老师2600多年前不但已经做了,而且确立了上面的启发式教学三原则。孔老师的启发式重视的是找到启发的节点,什么时候、学生处于什么状态,用什么方式来启发。这种方法有点像禅宗老和尚的做法,你还没有进入某种状态的时候,赶你"吃茶去!"当你接近明白、还没明白的时候,老和尚突然点你一句,或者给你一个"当头棒喝",让

孔子是个好老师

你豁然开朗。当然,按照时间顺序,老和尚们应该是受到孔老师的启发的。

启发式教学三原则,我们今天的老师有多少做到了呢?

学习型组织就是要充分激发出每个人的学习热望,因为学习是人的天性。人类学家爱德华·霍尔(Edward Hall)说:"人类是杰出的学习型生物。学习的欲望和性欲一样强烈——而且比性欲更早就开始有,持续时间还更长。"(彼得·圣吉:《第五项修炼——学习型组织的艺术与实践》15页,中信出版社,2009年版。)怎么来激发学生的求知欲?问题是学习的第一动力。一定要唤起学生的问题意识,一个没有问题、不会自我思考的学生是不会有自己的创见的。孔子非常重视学生的自我思考,要求学生要找问题。

子曰:"不曰'如之何,如之何'者,吾未如之何也已矣。"(《论语·卫灵公》)

孔子说:"从来不说'怎么办,怎么办'的学生,我真不知道拿他怎么办。"在孔子看来,从来都不思考问题的学生真不知道怎么教他。孔子也发愁啊,发愁有的学生就是不会思考问题。我们知道孔子一直是很欣赏颜回的,颜回由于悟性高、德行好而成为孔子最喜欢的学生。然而,孔子也批评过颜回一次。

子曰:"回也非助我者也,于吾言无所不说。"(《论语·先进》)

孔子说:"颜回这个人,不是能给我启发的人啊,对我说的话没有不心悦诚服。"颜回悟性很高,孔子讲的道理他都心领神会,孔子是很满意的。然而,颜回却从来不提异议,从来不主动提问题。孔子觉得颜回虽然对自己的思想理解得很到位,却对他没有什么启发,不能达到教学相长的效果。

在孔子看来,一个学生一定要思考问题,要有所用心。否则,就是玩游戏也比发呆发愣好,也比什么也不思考、当行尸走肉好。

子曰:"饱食终日,无所用心,难矣哉!不有博弈者乎?为之,犹贤乎已。"(《论语·阳货》)

孔子说:"整天吃得饱饱的,却对什么事都不上心,真是太难了!不是有人爱玩下棋之类的游戏吗?去玩游戏,也比什么都不思考地闲着好。"求学的

九、孔门是个"学习型组织"

时间是非常宝贵的,孔子并不认为做游戏就好,但做游戏也是要思考的,也是要动脑筋的。孔子最讨厌的就是什么都不想、没有任何问题和想法的学生。

在儒家的开创者孔子那里,人是一个应当追求自身需求满足的个体,每个人都可以去追求自身价值的实现。所谓"仁者人也","仁"首先要要求每个人成其为人,成为一个健全有为的人。在这里正如康德所倡导的那样,人不是手段,人本身就是目的。而且,实现人自身的完善主要不是靠外在的规范,而是靠内在的自觉性,强调的是内在的超越。孔子说:"人远乎哉?我欲仁,斯仁至矣"(《论语·述而》)、"人能弘道,非道弘人"(《论语·卫灵公》)。在孔子这里,对内在超越强调的还不是很明显,但在孟子那里就明显多了。孟子说:"仁义礼智,非由外铄我也,我固有之。"(《孟子·告子上》)朱熹强调外在的天理,是一种外在的规定性,与孔孟之道倡导的修身之道是有差异的。朱熹的天理人欲观是对儒家传统精神的一种极大毁坏。

我们今天的学习,尤其是大学学习和社会化的学习一定要有问题意识,要知道自己学习是为了解决一个什么问题,要带着问题学。问题是学习的靶子,有了问题才需要思考,思考需要相应的知识就不得不学习。然后通过学习,一个人的素质才能不断提升,才会有对知识的灵活运用和创新。问题是学习型组织的起点,离开了问题就不会有学习型组织。离开了问题,任何学习都是一种糊涂的学习,是一种静态的学习,是一种低智商的学习,是一种

孔子是个好老师

肤浅而没有目标的学习,是无价值的学习。

而在现实的教育中,对学生的激励要更多地使用"问题激励",用一个又一个问题去引导学生进行更深入的思考。孔子是非常重视问题激励的,林放向孔子问礼的根本是什么,孔子称赞是"大哉问",意思是这个问题多么重大啊!樊迟向孔子问崇德、修慝、辨惑,孔子称赞是"善哉问",意思是这个问题多么好啊!学生问问题问得好,孔老夫子是马上给予表扬的。现在的家长习惯于使用"胡萝卜加大棒"的激励措施,考试考得好就给物质和精神奖励,考得不好就骂孩子甚至打孩子。很多孩子对网络游戏很痴迷,网络游戏不能给他带来现实的"胡萝卜",也没有"大棒"的威胁,但孩子就是沉迷其中,这是因为游戏中有一个又一个的问题等着他解决,一个又一个的关口等着他去闯,去升级。这里,就是问题在诱导孩子,是攻克难关、解决问题的乐趣在诱导着他。我们需要做的是如何把学习的过程变成一个又一个富有挑战性但又可以攻克的问题,引导孩子进入找问题、思考问题、解决问题的真正学习状态。

2."裸面学习"的研讨会

> 子路、曾晳、冉有、公西华侍坐。
> 子曰:"以吾一日长乎尔,毋吾以也。居则曰:'不吾知也!'如或知尔,则何以哉?"
> ……
> 夫子喟然叹曰:"吾与点也!"(《论语·先进》)

子路、曾晳、冉有、公西华四个人陪孔子坐着。

孔子说:"我年龄比你们大一些,不要因为我年龄大一些,你们就放不开不敢说。你们平时说:'没有人了解我啊!'假如有人了解你们,要用你们,你们觉得自己能做什么呢?"

九、孔门是个"学习型组织"

……

孔子长叹一声说:"我是赞成曾皙的想法的。"

孔门经常举行小型研讨会,相当于开 party(派对)讨论问题,是一个平等开放的讨论小组。上面说的这个 party 是整部《论语》中记载的最大的一次。它的大,表现在这几个方面:参与人数最多,有孔子、子路、曾皙、冉有、公西华五人;讨论的篇幅最长,这个短片是整部《论语》中最长的;记述得最完整,从开始夫子问学生们的志向,到学生们一一作答,直至最后的夫子答疑评论,非常完整;孔子回答自己的志向最出人意料,又最在情理之中。当然孔子举行的其他 party 一定会有更多的人参与或者旁听,只是没有明确记载而已。

这次 party 的内容是很丰富的,但在这里我们重点探讨一下孔门 party 的形式,看一看孔门的组织学习对今天我们的组织学习的借鉴意义。

首先,要建立轻松活泼、平等民主的谈论氛围。孔子做得很到位,让他的学生不要拘泥于年龄大小,敞开心怀大胆说。一个组织在开展研讨时,一定要建立平等民主、轻松活泼的氛围。否则,大家都是戴着面具,各说各话。而且,说的都是一些正确的套话。说的每句话都是正确的,但每句话都没有用,这种讨论形式就完全是浪费时间。我们需要的是"裸面学习"(学习型组织语,请参照钟国兴《带着问题学——裸面学习法》),就是要摘掉由于角色差异而戴上的各种社会面具,真实地表达自己内心的观点。

其次,要悬搁观点。在孔门的研讨会中,主要是学生发言,孔子基本不说话,也不发表意见,孔子在其中担任的是一个主持人的角色。这就涉及到学习型组织理论中开展研讨会的一个重要理念:领导者要悬搁(学习型组织语,请参照彼得·圣吉《第五项修炼》)自己的观点。我们知道,就算领导者一开始建立了民主平等、轻松活泼的研讨氛围,但领导者一旦开口发表自己的意见,就可能影响整个研讨导向。研讨会不再是每个参与者自由地发表对某件事情的真实看法,而可能变成对领导意见的附议、阐释、甚至曲意附和。

孔子是个好老师

最后，在孔门的这次讨论会中，孔子是一直在场的，而且鼓励了不愿发言的曾皙发了言。这就涉及到学习型组织研讨会中，领导者的一项重要职责——引导作用。曾皙是在孔子的一再鼓励之下，才说出自己的志向，曾皙的志向却是孔子最为欣赏的。这就说明了一个问题，在一次研讨会中，一定要鼓励每一个人都发言。或许，某一个沉默寡言者的意见恰是正确的。领导者千万不可因为某个人性格内向或者自卑就不鼓励他发言。

我们通过孔门这次"裸面学习"研讨会的分析得出学习型组织研讨会的三条基本结论：要建立一个平等民主、轻松活泼的研讨氛围；领导者要悬搁自己的观点，要能忍得住不说，当一个主持人的角色；领导者要注意激发每个参与者的积极性。

孔子上课时的情景很令人向往，他营造的那种融洽的课堂氛围真让人有如坐春风的感觉。庄子对孔子上课时的情景是这样描述的：

> 孔子游乎缁帷之林，休坐乎杏坛之上。弟子读书，孔子弦歌鼓琴。（《庄子·杂篇·渔夫》）

孔子在繁茂的树林里飘然走动，一会儿又坐在讲课的地方闭目养神。孔门弟子读书时，孔子弹琴吟唱。啊，这是多么美妙的一个场景，如果时光可以倒流，我愿回到春秋时代，做孔门里一个不留名的小弟子。孔老师很洒脱，今天的老师，有几个人能做到这样呢？

3. 因材施教的师生互动

> 子路问："闻斯行诸？"
> 子曰："有父兄在，如之何其闻斯行之？"
> 冉有问："闻斯行诸？"
> 子曰："闻斯行之。"
> 公西华曰："由也问'闻斯行诸'，子曰：'有父兄在'，求也问'闻斯行诸'，子曰：'闻斯行之'。赤也惑，敢问。"

九、孔门是个"学习型组织"

子曰:"求也退,故进之;由也兼人,故退之。"(《论语·先进》)

子路:"老师,是不是听到了就做?"

孔子:"还有父兄在呢,怎么能听到了就做呢?"

冉求:"老师,听到了就做吗?"

孔子:"听到了就做。"

公西华:"老师,子路问您'听到就做吗',您说'有父兄在';冉有问您'听到就做吗',您说'听到就做'。学生我也糊涂了,大胆问问您。"

孔子:"冉有平时做事有些畏首畏尾,我就鼓励他果断;子路好勇过人,我得约束他。"

这是一个非常经典有趣的关于因材施教与深度汇谈(学习型组织语,请参照彼得·圣吉《第五项修炼》)的案例。孔子根据不同学生的同一提问给出了不同的回答,有学生对此感到迷惑时,孔子又给出了发人深省的解答。孔子对子路和冉有是因材施教,对公西华是深入探讨的师生互动。

我们在《孔门是个江湖》那一章已经讲过,孔门是有教无类的,所以才形成了三教九流汇孔门的局面。在学习型组织中,领导者也往往担任着老师和教练的角色。作为老师的领导者就要能够对组织中每一个不同成员进行不同的引导,使每一个成员都能获得适合自己的发展。这就需要领导者对组织中的每一个成员有充分的了解。孔子对孔门弟子是很了解的:

柴也愚,参也鲁,师也辟,由也喭(音谚)。(《论语·先进》)

高柴愚笨,曾参迟钝,子张偏激,子路鲁莽。这是孔子对四个学生的性格评价,应该是这四个学生早期给孔子的印象。在孔子的教育下,学生的品性也发生了变化,高柴后来当了武城宰,曾参成为传播孔门学说的"宗圣",子张也成为传播孔门学说的重要弟子,子路变得知礼,在卫国、鲁国都曾为官。其实,孔子在多处对学生进行了评价,而且在评价中透出了改进的方法。

子贡问:"师与商也孰贤?"

孔子是个好老师

> 子曰:"师也过,商也不及。"
> 曰:"然则师愈与?"
> 子曰:"过犹不及。"(《论语·先进》)

子贡问孔子:"子张和子夏谁更贤能?"

孔子说:"子张做事有些过头,子夏做事有些赶不上。"

子贡又问:"那是不是子张更好一些呢?"

孔子说:"过头还是和赶不上一样不好。"

我们通过孔子对子张与子夏的对比评价可知,孔子主张的中庸是不怠慢也不偏激的为人处世的态度。这里也是要求子张行事要注意有所收敛,子夏行事要更果断。这是关于孔子对弟子性格的关注,孔子对于每个学生的心态和情绪也是很关注的。

> 司马牛问君子。
> 子问:"君子不忧不惧。"
> 曰:"不忧不惧,斯谓之君子已乎?"
> 子曰:"内省不疚,夫何忧何惧?"(《论语·颜渊》)

司马牛问孔子,什么样的人才能算得上是君子。

孔子说:"君子就是不担忧,也不畏惧。"

司马牛说:"不担忧,不畏惧,这样就算是君子了?"

孔子说:"如果反省内心而没有感到内疚的事,那还有什么可担忧和畏惧的呢?"

其实,《论语》中孔子关于君子的论述很多,每次的论述基本都是不一样的表述。孔子为什么对司马牛说君子就是不忧不惧呢?因为司马牛是一个很忧愁的人,他担心自己的兄弟司马桓魋在宋国作乱。孔子正是根据司马牛现在的状态做出的回答,这叫对症下药、有的放矢。

我们在读《论语》时可以深切体会到孔门的师生互动是启迪人心的,又是生动活泼的。正是这种因材施教的师生互动使得孔门弟子能真正体会出夫子之道的真正内涵,使各个弟子都获得相应的成长。

九、孔门是个"学习型组织"

4. 反思很重要

曾子曰:"吾日三省吾身:为人谋而不忠乎?与朋友交而不信乎?传不习乎?(《论语·学而》)

曾参说:"我每天都要多次反省自己三件事:帮他人办事有没有不尽心?与朋友交往有没有守信用?老师传给的思想学说没有得到温习践行?"许多人以为"三省吾身"是每天反省自己三次,其实是反省三件事。如果一个人每天反省三件事,一个团队每天反省三件事,那么这个人或团队怎么能没有不断的进步呢?

曾参是后来成就很大的一个学生,整部《论语》只有曾参和有若这两个孔门学生被称之为"子",而且曾子出现的次数超过有若。在古代,只有有学问、有道德的人或老师,才被姓氏后面加个"子"字,以示尊敬。宋代以来,有学者认为,《论语》是曾参和有若及其弟子所作,而且曾参的贡献更大。孔子曾评价曾参是比较迟钝的("参也鲁"《论语·先进》),但曾子在继承和发扬孔门学说中发挥了很大的作用,曾参的成就与他具有反思精神是密不可分的。甚至可以说,是每天的反思,促使曾参由一个反应迟钝的学生变成孔子学说的重要继承者。其实,孔子在后来是意识到了曾参的巨大进步,孔子只与曾参、子贡这两个学生提到过自己的一贯之道,而且是向曾参明确表示,自己的一贯之道就是忠恕之道。

学习型组织强调建设反思性的学习文化,就是要求组织中每一个成员都要有反思精神。这里讲的反思不是对当前面临问题的表面思考,而是对问题背后的问题进行深入研讨,是对根本问题的思考,是对价值观的重估。

子曰:"见贤思齐焉,见不贤而内自省也。"(《论语·里仁》)

孔子说:"看见贤者就想着向他学习,看见不贤的人就反省自身。"在孔

门中，教导学生自我反省，是一种很重要的自我修养的方法，孔子自己也是这样做的。很多人践行孔门这一精神的方法就是写日记，就是每天晚上对自己当天的言行通过记录的方式进行自省，通过自省不断提高自我修养。对自我修养进行反思的程度有一个标准：慎独。慎独就是在没有人监督、没有人看见的情况下，能够严格按照道德礼仪去为人处世。这是一种很高的境界，这种反思已经进入一种潜意识，形成了自己对自己的监督和管理。

反思不仅是一种修身方式，还是一种内化知识的方法。学习知识不是一种浅层的知道和了解，而要达到一种深入理解和运用的境界。

子曰："温故而知新，可以为师矣。"（《论语·为政》）

孔子说："温习从前的知识或经历，从而使自己的智慧得到提升，这样就可以当老师了。""温故而知新"就是一种通过对已学知识的反思，从而对知识获得重新的理解，内化于心，达到灵活运用的状态。了解一门学问和运用一门学问是两个不同的境界。一门学问在第一遍学习的时候往往只是达到了解的状态，在第二遍的温习反思中才能结合实践经验变成自己的东西。我们做学问，不是要当"知道分子"，而是要当"知识分子"，知识分子就是能够对所学知识进行反思提高，形成自己独立见解的人。

反思也是近代西方哲学中广泛使用的重要概念之一，又被译为反省、反映。但这个概念在不同哲学家那里，有不同的具体含义。提出白板说的英国哲学家洛克认为，人出生时的心灵就像白板一样，没有任何知识，经验是人知识的唯一来源。而经验又分为两类：感觉和反思。所以，反思是人获得知识的一种重要方式。荷兰哲学家斯宾诺莎认为，真观念是对一定思想观念的反思，所以，反思是认识真理的高级方式。德国哲学家黑格尔认为反思是把握绝对精神发展的辩证思维，认为反思能从联系中把握事物内部本质。我们可以看出，反思在西方哲学里面是获取知识、达到较高思维境界的一种重要思维方式。

一个时常进行自我反思的人，他的人品一般不会差，他的学问一般也不会低。其实，反思还是一个人获得内心安宁的方式，通过反思自我，能够平

九、孔门是个"学习型组织"

静自己的内心,能够在纷繁复杂的社会生活中做出符合本心的正确选择,从而获得内心的宁静与精神的享受。

5. 相互学习的孔门弟子

樊迟问仁。子曰:"爱人。"

问知。子曰:"知人。"樊迟未达。

子曰:"举直错诸枉,能使枉者直。"

樊迟退,见子夏曰:"乡也吾见于夫子而问知,子曰:'举直错诸枉,能使枉者直',何谓也?"

子夏曰:"富哉言乎!舜有天下,选于众,举皋陶,不仁者远矣。汤有天下,选于众,举伊尹,不仁者远矣。"(《论语·颜渊》)

樊迟问什么是仁。孔子说:"爱人。"

樊迟问什么是智,孔子说:"知人。"樊迟不明白是什么意思。

孔子说:"提拔正直的人,用正直的人去领导不正直的人,就能使不正直的人变得正直。"

樊迟还是没理解清楚,就问子夏。

子夏说:"老师讲的这话的内涵很丰富啊!舜在治理天下的时候,从众人中挑选人才,把皋(音高)陶选拔出来,不仁的人就远离了。汤治理天下的时候,从众人中把伊尹选拔出来,不仁的人就远离了。"

樊迟向孔子问问题,孔子给予了回答,在樊迟还有迷惑的情况下就给出了解释。然而,樊迟对于老师的解释仍是不太明白,就去问子夏同学。子夏同学就用举例子的方法,让樊迟理解了老师的话。这就是孔门相互学习、教学相长的一个经典案例。

孔门弟子是相互学习、相互提高的。我们知道,孔子弟子众多,孔子是

孔子是个好老师

不可能对学生一个一个地教，或者是用一个教室给所有的学生一起上课。一般情况是，孔子除重点教授和引导讨论之外，学生之间也经常讨论问题。

相互学习是学习型组织的一个显著学习特征。每个人都有自己的专长，在这一方面差的人，可能在另一方面非常强。相互学习就是一个取长补短的过程，相互学习能使双方都获得成长和进步。当然，要真正做到相互学习，首先要学会虚心，要时刻告诉自己要学的东西还很多，时刻都要把自己当成一个不完美的人，然后朝着完美的方向去改进。

司马牛忧曰："人皆有兄弟，我独亡。"

子夏曰："商闻之矣：死生有命，富贵在天。君子敬而无失，与人恭而有礼，四海之内皆兄弟也。君子何患乎无兄弟也？"（《论语·颜渊》）

司马牛忧心忡忡地说："别人都有兄弟，只有我没有。"

子夏说："我听夫子说过，死与生是由命运决定的，富与贵是由上天决定的。君子只要时刻保持恭谨而不出现过失，待人谦逊而有礼，那么，五湖四海的人就都是他兄弟。君子又怎么会担心没有兄弟呢？"

其实，司马牛是有兄弟的，宋国的司马（也就是三军总司令）桓魋就是司马牛的兄弟。只是司马牛不认这个兄弟，因为桓魋为官很是骄奢，权欲膨胀。司马牛还担心自己的这个兄弟会犯上作乱，很是忧心。子夏这时就拿孔子的话来开导自己的同学。孔门弟子之间真像兄弟一样，彼此相互学习、相互关心、相互开导，相互做心理调适和思想工作。

"独学而无友，则孤陋而寡闻。"学习中如果缺乏学友之间的交流切磋，就会导致眼界狭隘、理解浅薄。我们今天的学习也强调小组式学习、沙龙式学习，一个人闭门造车已经越来越不适应现代社会的需要。很多学习的灵感是在相互交流切磋中产生的，没有交流碰撞，又怎么会产生耀眼的思想火花呢？我们今天的学习一定要有开放包容的心态，都融入一个学习小组来学习，共同提高、共同进步。

信息化时代的学习非常强调共享，相互分享学习心得和体会。传播学习型组织的人们总是引用爱尔兰的大剧作家萧伯纳曾经说过的话："如果你有一

九、孔门是个"学习型组织"

个苹果,我有一个苹果,彼此交换,我们每个人仍然只有一个苹果;如果你有一种思想,我有一种思想,彼此交换,我们每个人就有了两种思想,甚至多于两种思想。"我们可以发现,思想是一种很特殊的用品,人们能够在其他思想的激发下,不断产生新的思想,犹如原子核的裂变。

 孔子是个好老师

十、带领学生去游学

1. 好德如好色的绯闻

> 子见南子,子路不悦。夫子矢之曰:"予所否者,天厌之!天厌之!"(《论语·雍也》)

孔子去见南子,子路很不高兴。

那么南子是什么人?南子原来是宋国公主,后来嫁到卫国,成为卫灵公的夫人,两人相差30多岁,典型的老夫少妻。南子据说很漂亮,生活作风有很大问题,史书对她的评价是"美而淫"。她和卫灵公男宠公子朝私通。但是,南子的老公卫灵公很另类,对他们的私通不但不加阻止,反而纵容南子,让公子朝和南子在洮地相会。卫灵公的太子、也是南子的儿子蒯聩,知道南子私通的事之后,觉得很没脸面,非常愤怒,就和手下的家臣戏阳速商量,在朝见南子时趁机刺杀她。结果戏阳速这个人靠不住,临时反悔了,不但没有落实到行动上,反而还被南子发现了。蒯聩没有办法,只能逃到宋国。可见这个南子,把卫国宫廷搞得有多乱。

孔子周游列国时,曾访问卫国,应约见了卫灵公的这个漂亮又贪男色的老婆南子。其实孔子本来是不想见的,因为和这种人见面很难说得清楚。但是南子强行要见孔子,派人转告孔子:"四方之君子不辱欲与寡君为兄弟者,必见寡小君。寡小君原(愿)见。"这段话的意思太直截了当了:你要和我老公卫灵公打交道,就必须先见我。而且我呢,就愿意见你。

带领学生去游学

孔子是个好老师

南子这段话，典型的有权有色就任性。因为人家是国母，没有她想得到而得不到的东西，除非人家不想要。孔老师带着一群学生呢，在人家国家里，学生的安危很重要，也许孔子还想借机影响卫灵公，所以他审时度势，权衡利弊，硬着头皮，"不得已而见之"。

孔子和南子是怎样见的呢？据《史记·孔子世家》记载："夫人在絺帷中。孔子入门，北面稽首。夫人自帷中再拜，环佩玉声璆然。"南子若隐若现地坐在纱帘后面。孔子隔着帘行礼。这时听到玉环璧佩叮当作响，像是南子正在里面欠身还礼。这段话是太史公司马迁写的，但是遗憾就写到这就没有下文了，于是后人对后面的事情有许多随意猜测。

孔子应该有学生跟着去了，但是人家孔老师还是隔着纱帘见的，学生当然没有资格见南子。不过问题是，学生听到了佩玉叮叮当当的响声。不知道陪孔子去的是不是子路，应该不是，但是后来这事让子路知道了。子路想到老师平时对学生反反复复做"君子"的教导，当然按捺不住心中怒火，就生气地质问老师。孔老师一看对这事是跳进黄河也洗不清了，只能赌咒发誓。怎么赌咒发誓呢？

夫子矢之曰："予所否者，天厌之！天厌之！"（《论语·雍也》）

什么是"矢之"？所谓矢就是箭。从字面看，"矢之"就是折箭为誓。孔老师发了什么誓呢？发的誓大体是这样："如果我做的事不合礼的话，老天厌弃我，老天厌弃我！"这个誓基本上相当于现在人："要是我有那事，天打五雷轰，天打五雷轰！"

说到这里，读者也许觉得子路这个学生太过分了，即使有点桃色新闻，但孔老师也是人啊，何必如此过不去呢？这一方面是因为子路这个人很有正气，另一方面这恐怕也涉及到孔门的公信力。如果这事自己人不查清楚，传出去恐怕影响就不好了，而且也影响学生们对老师的信任和尊重。当然，孔老师在这事上表现得更可爱，一听质问，立马意识到这可是涉及到孔门形象的大事，干脆赌了个重誓来证明自己的清白。

这事闹大了，因此成为被人们议论了2000多年的孔门最有趣的事。从这

十、带领学生去游学

件事上我们也可以看出,孔门中师生关系并不像后来社会上那样,老师高高在上,学生唯唯诺诺。连老师是否有桃色新闻都敢质问,可见师生关系是很平等的。

有了这件事,卫国是没法呆了,孔子对卫灵公也很失望,于是就离开了卫国。

这是孔子出走鲁国去卫国发生的故事。

孔子为什么被迫出走鲁国?

因为女人。

在孔子50岁的时候,鲁国在内外交困的时候想到了他。先是任命孔子为中都宰,中都宰是一个地方长官,按管辖区域大小来看,相当于现代的县长。也就是说,鲁国开始起用孔子的时候给了他个小官。孔子做了这个小官,干得很不错,就被提拔为司空、大司寇,干得也非常好。在齐国和鲁国国君夹谷之会后,孔子被提拔为代国相,相当于副总理。

齐国在夹谷之会上想占鲁国便宜,但是由于孔子在外交和军事部署和措施上都很到位,齐国没占到便宜反而吃了亏。齐国担心鲁国在孔子的治理下会强大起来,硬来不行就来软的,于是派出了女子歌舞队,精选了能歌善舞的美女80人,漂亮的马30匹献给鲁国。鲁定公和鲁国大夫季桓子开始也是不好意思接受的,齐国的女乐、文马就被安置在鲁国都城的南高墙外,歌女们就天天在那里表演歌舞。过几天,季桓子首先就按捺不住了,打着微服私访、考察民情的旗号,偷偷去看了三次。季桓子一看就看呆了,觉得这些美女实在太漂亮了,舞跳得太好了,他就鼓动鲁定公和他一起看。

齐人归女乐,季桓子受之,三日不朝,孔子行。(《论语·微子》)

结果鲁定公更过分,和美女一混在一起,就连续三天连班都不上了,不和大臣谈工作、不批文件了。孔子一看,鲁国的领导人这样好色,工作都不干了,在这里待着没希望了,也发挥不了作用,就离开了鲁国。当然这是离开的原因之一。

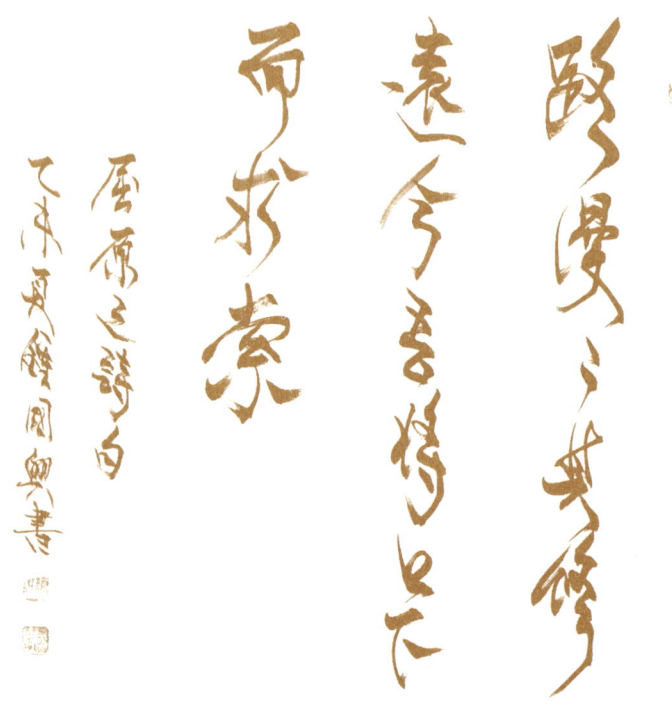

孔子当时的官职叫大司寇,相当于现在的中纪委书记加政法委书记,是专门纠正社会风气的。孔子从政的一项主要的措施就是男女别途,男人和女人在街上不在一块走。当然,这个措施现在看来有点儿不够人性化,不够中庸,过分了。当然这个措施后来在鲁国没能彻底坚持,因为国君和季桓子接受舞女,显然就是对孔子施政纲领的无视,孔子的伤心总是难免的。当然,孔子还不是因为这一件事就轻易出走了,最后让他下定决心的,是等到年底分祭肉时,他们竟然无视孔子的存在,没给他送!人家的意思很明显:你在这里已经多余了。孔子一看人家已经用分祭肉这件事宣布你是不受欢迎的人,只能选择了卷行李上路。

孔子离开鲁国之后,就来到临近的卫国。卫灵公没有给孔子官职,倒是按他在鲁国时的俸禄——六万粟——供养着他。孔子一行在周游列国时,数次往返卫国,其中一次就发生了前面和南子的故事。

十、带领学生去游学

孔子与南子的故事到这里还没完。一次,卫灵公邀请孔子和他一起逛街,考察民情。然而,卫灵公却与南子坐头一辆,还带上一个宦官,让孔子坐第二辆马车,招摇过市,卫灵公和南子显得很高兴。于是,孔子发出了一句千年感慨:

子曰:"吾未见好德如好色者也。"(《论语·子罕》)

孔子说:"我没有见过喜欢贤德胜于喜欢美色的人。"孔子这句话是针对当时的卫灵公的行为发出的感慨,卫灵公表面上非常尊重像孔子这样有德行的人,但事实上在美色面前,好色的本性就超过好德的理性。我想,此时的孔子也一定想起了鲁定公,想起了季桓子,他们也是好色胜于好德,所以才有这样的感慨。在这件事之后,孔子便离开了卫国。

孔子对人都充满着一种仁爱之情,但在对男人和女人的地位上,孔子也没有完全摆脱时代的局限,应该说孔子是基本认同男尊女卑的。在春秋时期,天下还是主要靠男性撑起来的,不像现在的女性,能够撑起半边天。孔子虽然两次受到美女的排挤,但并无严重歧视女性之意。有人或许会提出孔子说过的这么一句话:

子曰:"唯女子与小人为难养也,近之则不孙,远之则怨。"(《论语·阳货》)

孔子说:"只有女人和小民是最难与他们相处的。太亲近了,他们就会显得无礼;太疏远了,他们又要怨恨。"孔子在这里,与其说是歧视女性,毋宁说是事实陈述。这是当时女性和小民的一贯习性。也就是说,女性与小民太感性,缺乏理性。对他们近不得,远不得。而且,这应该是孔子在特殊场景中的一句感慨,不应该认为这就是孔子歧视女性的铁证。

"吾未见好德如好色者也",这个判断说明了一个问题:色欲始终都是一个难以回避的问题。好色是人的本性,这种本性也是维持人类生存和发展的动力。但这种本性要用道德加以规范,否则,就会把人降格为动物。人的存在价值在于人的思想、品德、贡献,所以,一个人只有能超越本能的追求,才能真正体现出作为人存在的价值。但是,这种超越是很难的,而且绝对的

 孔子是个好老师

超越是绝对地难。

2. 孔子也被难倒

> 孔子东游,见两小儿辩斗,问其故。
>
> 一儿曰:"我以日始出时去人近,而日中时远也。"
>
> 一儿以日初出远,而日中时近也。
>
> 一儿曰:"日初出大如车盖,及日中则如盘盂,此不为远者小而近者大乎?"
>
> 一儿曰:"日初出沧沧凉凉,及其日中如探汤,此不为近者热而远者凉乎?"
>
> 孔子不能决也。
>
> 两小儿笑曰:"孰为汝多知乎?(《列子·汤问》)

孔子在带学生东游路途中,看见俩小家伙在斗嘴,就过去问他们为啥斗嘴。

小家伙 A 说:"我觉得早晨时的太阳离我们近一些,中午时的太阳离我们远一些。"

小家伙 B 却觉得是早晨时太阳离我们远一些,而中午时离我们近一些。

小家伙 A 说:"早晨时的太阳大得像个车盖,中午时的太阳小得像个盘子。这不就是因为远的东西看起来小一些,而近的东西看起来大一些吗?"

小家伙 B 说:"早晨的太阳感觉凉飕飕的,中午时的太阳热得像把手伸进开水里一样。这不就是因为离得近的东西感觉热一些,而离得远的东西感觉凉一些吗?"

孔子听懵了,不能做出判断。

这俩小家伙就嘲笑孔子说:"谁说你多智慧啊?"

十、带领学生去游学

这个故事记载于《列子·汤问》，而且还被选为初中课文。这个故事体现的正是孔子实事求是的治学态度和教育态度。"实事求是"在被毛泽东赋予了崭新的政治含义后，成为了中国共产党指导思想的灵魂，人们逐渐淡忘了实事求是原本意义上是一种治学态度、一种教育态度。孔子在这则故事中，首先想到的不是自己博学多才的名声会不会受到损伤，不是在弟子面前会不会很没面子。而是，自己的确觉得这两个小孩说得都有道理，而自己的确决断不了。孔子在《论语》中讲到的另外一句话同样表达了他实事求是的治学态度和教育态度。

子曰："由！诲女知之乎！知之为知之，不知为不知，是知也。"
（《论语·为政》）

孔子说："子路啊，教给你的道理你明白了吗？明白了就是明白了，不明白就是不明白，这才是真正的知道。"孔夫子这话说的就是实事求是的治学态度。史书上的实事求是最早见于班固写的《汉书·河间献王刘德》，班固称赞刘德"修学好古，实事求是"。清朝乾隆嘉庆年间的考据学派更是把"实事求是"当作治学的宗旨和基本方法。这种治学方式反对宋儒的虚谈，主张切实地去考证学问。我们可以看到实事求是本来就是历史上一种重要的治学方式，强调的是要避免任何主观的成分参与其中，要客观地直面问题，认真地弄清问题。

子绝四：毋意，毋必，毋固，毋我。（《论语·子罕》）

孔子在这四种优良的品格上已经做到了极致：不凭空猜测，不随便绝对肯定或否定，不拘泥固执，不自以为是。毋意，就是不要提前下结论，不要凭借自己的想象去处理事情。我们可以畅想美好的事物，但对事实不可乱做判断，对人的道德品行更不可妄加揣测，尤其不能往坏处揣测。毋必，就是要避免走极端，非是即否的简单思维会使人变得愚蠢。毋固，就是要以发展的眼光是看待人和事，老是拘泥于以前的刻板印象很容易跟不上现实的变化。毋我，就是要多听听别人怎么说，不要认为自己掌握的是绝对真理，别人掌握都是相对真理。其实，世界上只有一个绝对真理，那就是没有绝对真理。

孔子是个好老师

只有我们真正做到了毋意、毋必、毋固、毋我，才能真正实事求是地去认识和评价人和物。一个人有了权、有了名、有了钱，一定要重视这四点。这四点归结为一点，就是：不要任性。所以，对这四点可以理解为不要任性的四个方面的具体要求。

3. 在山水之间的教学

子曰："智者乐水，仁者乐山。智者动，仁者静。智者乐，仁者寿。"（《论语·雍也》）

孔子说："智慧的人喜欢水的清纯流动，仁德的人喜欢山的厚重稳固。智慧的人追求变动，仁德的人向往宁静。智慧的人生活快乐，仁德的人生命长久。"孔子这一关于智者、仁者与山水的经典表述哲理深刻而意境优雅。

孔子是带领学生去游学，因为在"国际上"名气很大，他每到一个诸侯国，一般国君会隆重接见他，给他安排讲课的场所。但不要以为孔子的讲课条件总是这么好，其实很多时候，孔子及其弟子是长时间行走在山水间的，这些时候孔子往往也是要随时随地讲课的。而且孔子这个人很有情趣，是遇名山必游、见大海必观的人。《孔子家语·致思》记载，孔子到鲁国北部游览，登上农山山顶，弟子子路、子贡、颜回在旁边陪着。孔子四下远望，感慨道：在这个地方静心深入思考，什么都可以想到，你们就来谈谈自己的志向吧。大家可以想象一下，孔子带领三个学生登上一座名山的山顶，让学生在开阔的视野、舒展的胸怀下谈志向，是一个多么好的教学场景。

孔子不仅喜欢游山，更喜欢观水，孔子观水就体会到水的德行。《孔子家语·三恕》记载，孔子正在观察东流的河水时，学生子贡向他请教了有关水的德行问题。

子贡问："您对所见到的大水，一定会仔细观看，这是什么缘故呢？"

十、带领学生去游学

孔子回答:"因为水流动不息,它的恩惠普遍地布施于天下苍生,却又显得无所作为。水就像有德行似的:它流动时,就奔向低洼之处,即使弯弯曲曲,也必然遵循着这一原理,这种品性就像'义';它浩浩荡荡,永无止境地前进,这种品性就像'道';它可以流行各处,即使流赴百仞溪谷也无所畏惧,这种品性就像'法';盈满之后不会再装,这种品性就像'正';本性柔弱却能到达很细微的地方,这种品性就像'察';发源以后必然一路向东奔流,这种品性就像'志';既有流入又有流出,万物靠它来实现新鲜洁净,这种品性就像善教化。水具有如此的德行,因此君子见到一定要认真观察啊!"

孔子对于水的德行进行了全方位的思考,提炼出水具有义、道、法、正、察、志和教化等七种德行。这让我们想起了老子的"上善若水"和"无为而无不为"的说法,可以说异曲同工。孔子经常带领学生去游山观水,就是希望弟子能从其中体会出山水的大德的启示。

孔子曰:"不观高崖,何以知颠坠之患?不临深泉,何以知没溺之患?不观巨海,何以知风波之患?失之者其不在此乎?士慎此三者,则无累于身矣。"(《孔子家语·困誓》)

孔子说:"不看悬崖峭壁,怎么感知从高处掉下来的忧患呢?不接近深渊,怎么感知淹没的忧患呢?不看大海,怎么感知风波的灾害呢?造成过失的原因不就是这些方面吗?君子慎重对待这三个问题,就不会伤害到自己。"孔子不仅是要从山水之间感受山水的德行,还要从山水之间体会人间的祸患,希望弟子能够谨言慎行。读到这几句话,真觉得现在的领导干部们应该熟记它,其中有很深而且很必要的启迪。

孟子曰:"孔子登东山而小鲁,登泰山而小天下。"(《孟子·尽心上》)

孟子说:"孔子登上东山,便觉得鲁国变小了;登上泰山,就觉得天下变小了。"怎么培养一个人的宽广胸怀和长远眼光呢?方法很多,但登山观水无疑是一个快捷有效的方法。当你登上高山,一切尽收眼底,一切尽踏脚底,胸中豪气顿生,体会到"山高人为峰"的万丈豪情。当你面朝大海,一望无

垠，你的胸怀顿时就宽广了很多。你会感受到天地的博大宽广，有一种顿然超越的感觉，觉得为工作中的蝇头小利、为生活中的蒜皮小事而斤斤计较，实在毫不必要。没事时，去登登山，去观观海，去体会一下仁山智水之乐。

孔子在山水间教学的事给我们的一个重要启示是，要让孩子的心灵回归大自然。人类智慧的产生很多时候来源于大自然，人们为大自然的神奇而感到惊奇，从而想揭开大自然神秘的面纱。带领学生亲近大自然，学生对自然科学的兴趣就会大增。而且，在亲近大自然中也培养了学生对大自然的热爱，对大好河山的热爱，对祖国的热爱。

4. "君子固穷"的大讨论

> 在陈绝粮，从者病，莫能兴。子路愠见曰："君子亦有穷乎？"子曰："君子固穷，小人穷斯滥矣。"（《论语·卫灵公》）

孔门的游学并不总是顺风顺水，也经常遇到麻烦甚至险恶，在陈国时就有了一次凶险的经历。孔子与其弟子在陈国之地断绝了粮食，跟随的人都饿病了。子路很不高兴地去见孔子，说道："君子也有穷途末路的时候吗？"孔子说："君子当然会碰到无路可走的情况，只是这时君子会安守节操，小人一穷守不住底线就会胡来了。"孔子及其弟子被困在陈蔡之间的这次劫难，应该是孔子带领弟子游学过程中经历的最大的一次劫难。也就在这次劫难中，孔老师及其弟子展开了君子在穷困的时候怎样坚守做人底线的大讨论。

这件事情在《史记·孔子世家》中记载很清楚，基本情况是这样的：楚昭王想聘用孔子去楚国做官，楚国也是个大国，孔子及弟子就往楚国去。走到陈国和蔡国之间时，陈蔡两国的大夫就商议怎么应对这件事。因为陈蔡都是小国，孔子周游到陈蔡时也没受到重用。陈蔡两国离楚国近，他们就担心楚国重用孔子，使楚国强大之后，对陈蔡不利。于是，他们就派人去围困孔

十、带领学生去游学

子,准备把孔子一行人困死在陈蔡之间。孔子一行人被围困,断粮七日,无法和外界取得联系,处于失联状态,连一些野菜汤都吃不上。

在被围困的情况下,孔子一直保持乐观,至少表现出来是这样。孔子没有停止讲课,而且一有空闲就弹琴。他也知道子弟们很饿、很丧气。在子路率先表示不满后,孔子开始寻思一定要安抚学生的情绪,而且要借此机会对学生进行一次实践性的君子教育。子路是大师兄,他就先叫来子路问话。孔子说,《诗经》中有一句诗"不是犀牛,不是老虎,却在旷野中奔走(匪兕(音四)匪虎,率彼旷野)",我的学说难道不对吗?怎么会沦落到这个地步呢?

子路回答说:"难道是因为我们不够仁德,人家还不信任咱们吗?"子路一直认为,善一定有善报,恶一定有恶报,这样的事发生在他们身上他也很疑惑。子路的这种君子情怀还是一般层次的,我们很多人选择做一个君子就是认定好人一定会有好报,恶人一定会有恶报。这种想法当然很好,但一旦发生好人恶报,恶人善终的事就会动摇原本的仁德信仰。所以,孔子和子路说,伯夷叔齐很仁义,却饿死在首阳山;比干很聪明,拥有七窍玲珑心,却被商纣王挖心而死。孔子批评子路就是要子路能够树立起真正的仁德君子信仰,不是因为能得好报才做君子,而是不管能不能得好报,都要做一个仁德的君子。

子路出去后,孔子又叫来子贡。孔子以同样的问题问子贡。子贡说,可能是因为老师您的道太高远了,所以别人才容不下老师,老师您何不把自己的道降低一点儿呢?子贡的回答比子路好,他首先是没有怀疑老师的道。只是,为了迎合世人就降低自己的道,孔子认为这就不是君子之道了。所以,孔子就批评子贡志向不远,不考虑如何掌握君子之道,想的是如何得到认可。

子贡出去后,孔子又把颜回叫了进来。他又问了颜回同样的问题,颜回的回答太经典了,这大概是颜回说过的最豪迈的话:

颜回曰:"夫子之道至大,故天下莫能容。虽然,夫子推而行之,不容何病,不容然后见君子!夫道之不修也,是吾丑也。夫道既已大修而

孔子是个好老师

不用，是有国者之丑也。不容何病，不容然后见君子！"

孔子欣然而笑曰："有是哉，颜氏之子！使尔多财，吾为尔宰。"（《史记·孔子世家》）

颜回说，老师您的道太大，天下都容不下。我们推行道，天下容不下，正说明我们是君子。如果我们的道没修好，是我们的问题。我们道修得好，掌权者却不用，就是他们的问题。天下容不下老师的道，正说明我们是君子。

十、带领学生去游学

孔子听了颜回的话非常 happy，开玩笑祝愿颜回早日富有，他愿意给颜回当管家。其实我们可以看出，孔子想要的就是颜回的答案。在当时的情况下，只有颜回对君子固穷的理解才能激励孔子的队伍。进一步讲，孔子就是希望他的学生有真正的仁德信仰，而不是一遇到困苦就怀疑仁德信仰或者降低自己的理想。

在当时那么艰难的情况下，孔丘老师居然发动了一场人生观、道德观的大讨论，真是令人内心震动。君子固穷的大讨论已经远去 2000 多年，我们今天读起来依然受益良多。一个人要做君子，一生会遇到多少挫折？我们做一个真正的君子，不是为了得到好报，也不能因为处境不利就降低自己的人格，而是要能把这种处境当作考验，在困苦中坚守自己的君子节操，砥砺自己的君子人格。

5. 归去来兮成伟业

> 子在陈，曰："归与！归与！吾党之小子狂简，斐然成章，不知所以裁之。"（《论语·公冶长》）

孔子在陈国，说："回去吧！回去吧！我们鲁国家乡的那些弟子们性情激进，文采斐然可观，我真不知道怎么去教导他们。"这是孔子在陈国听到季康子准备召孔子回去时说的话，季康子是季桓子的儿子。季桓子在临终前，特地让人抬着他在鲁国城外转了转。他感慨道，其实鲁国是有机会强大起来的，只是我们没能很好地重用孔子，使他流落异国他乡。他嘱咐季康子，在自己死后季康子主政，到时一定要把孔子召回来。这话传到孔子那里，孔子很开心，说了上面的话。

其实，孔子着实空高兴了一场，孔子一生这样空高兴的时候至少有过几次。这次孔子没能回去，因为最后季康子是来召冉求回去的。当时鲁国受到

 孔子是个好老师

齐国的侵略威胁，而鲁国没有可用之才，季康子确实准备按照父亲的遗愿把孔子及其弟子召回来重用。然而，此时鲁国有个叫公之鱼的人对季康子说，以前你父亲曾重用孔子，但是后来，你父亲跟孔子合不来，孔子流落他国，致使你父亲在诸侯国的名声受损。现在，你要把孔子召回来，如果你和孔子也合不来，你们父子的名声可都毁在孔子手里了。现在的局势，召回冉求应该就可以应对。我们可以看出，公之鱼的劝诫是非常高妙的，他不是以鲁国的安危，国家的发展来进谏季康子，反而以季康子父子的名声来规劝季康子。他之所以这样劝诫，一定是太了解季康子了，知道他无法充分认可孔子的治国之道。当然我们也可以说这家伙是个小人，而小人貌似都是在为领导考虑，其实谋的总是小九九，还是算计自己的一亩三分地，没有大格局与大胸怀。但是，如果季康子真的到时候和孔子合不来，那对双方都很尴尬，所以把孔子的学生请过来是最好的折中办法。

季康子为什么同意召回冉求呢？前面我们讲过，冉求这个孔门弟子是孔子的得意门生。多才多艺，会打仗，善理财。关键是，冉求这个人不是那么坚持孔子之道，他往往会为了完成领导的任务而忘记坚守道义。这样的人才正是季康子需要的，因为能够帮自己做成事，而且不会出现不听指挥、合不来的情况。当然，自己的学生能受到重用，孔子也是非常高兴的。但毕竟在外面"走江湖"这么多年了，通达细心的子贡看出了老师非常想叶落归根的心思。他私下对冉求说，在鲁国站稳脚后，要想办法把老师接回去。冉求一直记着这件事，后来也的确帮助孔子体面地回到了鲁国。孔子的学生确实不是白吃干饭的，冉求回国后，立马扭转了战局，把齐国人赶跑了。战争胜利后，季康子和冉求之间还有一段精彩的对话，这段对话记载在《孔子家语·正论解》中。

既战，季孙谓冉有曰："子之于战，学之乎？性达之乎？"

对曰："学之。"

季孙曰："从事孔子，恶乎学？"

冉有曰："即学之孔子也。夫孔子者，大圣，无不该，文武并用兼通。

十、带领学生去游学

求也适问其战法，犹未之详也。"(《孔子家语·正论解》)

季康子："你这么会打仗，是学来的，还是天生的？"

冉求："当然是学来的。"

季康子："你跟着孔子，能学到什么战法吗？"

冉求："正是从孔子那里学来的。孔子是一位圣人，无所不知，文武兼通。我也只是随便听了点儿他讲的战法，学了他老人家一点儿皮毛而已。"

接着，冉求请求把他的老师孔子请回来。季康子这回同意了，风风光光地用八抬大轿把孔子接回了鲁国，并尊孔子为国老。季康子虽然先前因为担心自己和孔子合不来没有召回孔子，但他也深知孔子是仁德的大才。而且孔子现在已经68岁，回来后也不可能在政治上有什么大的作为，自己也不会跟孔子有多大冲突了。而且国老这个职位，就是国家的顾问，人家顾上问你你就说两句，顾不上问你就不说，光拿工资就行了。孔子回鲁国后知道这是个闲职，人家不希望过多干预政治，所以也不再积极过问政事，而是专心自己的学问。可以说，正是孔子晚年专心学问，才使得很多文化典籍得以整理保存传播下来，孔子晚年的学术作为也在一些重要方面奠定了中华文化的根基。

孔子是个好老师

十一、孔门是中国最早的"兰德公司"

1. 兜售治国理念的孔门智库

> 昭王将以书社地七百里封孔子。楚令尹子西曰:"……"昭王乃止。(《史记·孔子世家》)

孔门在当时是一个学术团体,是一个咨询智库,那么既然这个集团在"国际"上的影响那么大,孔子又那么想在政治上一试身手,为什么他们没有搞块土地,自己搞个政治特区呢?是孔门实力不够,还是当政者没想过重用他们?这个原因恐怕我们得从《史记·孔子世家》记载的这个故事来说明。楚昭王想把七百里书社之地分封给孔子,立刻遭到楚国令尹(相当于今天的总理)子西的反对。令尹用一个又一个反问来说服楚昭王。

子西:"大王,您手下的外交使臣有比得上子贡的吗?"

楚昭王:"没有。"

子西:"您手下的辅佐大臣有比得上颜回的吗?"

楚昭王:"没有。"

子西:"您手下带兵打仗的人有比得上子路的吗?"

楚昭王:"没有。"

子西:"您手下的行政管理人才有比得上宰予的吗?"

楚昭王:"没有。"

子西:"楚国的祖先受封于周王室,封号是子男,封地不过五十里。现今,

孔门是中国最早的"兰德公司"

 孔子是个好老师

孔子讲述的是三皇五帝的治国之道,彰显的是周公、召公的辅佐事业。大王如果任用孔子,怎能世世代代保有数千里的土地呢?文王在丰城,武王在镐城,方圆百里的君主,最后竟能称霸天下。如今,如果孔子得到封地,还有贤能弟子的辅佐,这可不是楚国的福运啊。"

楚昭王听了这些话,从此不再提这事。

其实孔子的好事很多,可最后都空欢喜一场,只能感叹运气不佳。

子西为什么反对?有两个原因:一是孔子主张恢复周礼,现在楚国的土地多于周王室,不符合周礼,任用孔子这不是在找苦吃嘛?二是孔子及其子弟非常贤能,他们可能形成国中之国,威胁楚国政权。我们可以看出,子西是以小人之心度君子之腹。当然,作为楚国令尹的子西,处处为楚国的政权着想是无可厚非的。

其实,不仅是今天大家不怎么熟悉的楚国令尹不主张重用孔子,就是大家熟悉的齐国名相晏婴也是反对齐景公重用孔子的。在孔子35岁时,鲁昭公流亡齐国,孔子也来到齐国。齐景公两次向孔子咨询如何治理国家,孔子的回答都很令齐景公满意。齐景公准备重用孔子,并准备把尼谿(音西)那个地方封给孔子。晏婴就出来阻止说,儒者善变又傲慢不好管理,关键是他们的礼仪太繁琐,劳民伤财,不利于国家发展和民风教化。用晏婴的话说就是"累世不能殚其学,当年不能究其礼(《史记·孔子世家》)",晏婴的话很有道理,但也有偏颇的地方。我们知道,孔子的思想也有一个发展的过程,孔子早年更强调周礼,晚年更强调仁爱。我们也可以深深体会出,周礼已经不合时宜,是很难恢复的,但仁爱的精神却传承下来,数千年而不衰。

现在,我们就可以总结出孔门为什么是一个学术团体、一个咨询机构,而不是一个真正掌权的政治集团。因为,人们认为孔子恢复周礼的主张不可行;关键是孔门集团的实力过于雄厚,一般可以用一个或者几个人,但不敢用一个集团的人才。所以,孔门就成为到处兜售治国理念的咨询智库。孔门这个智库和高级人才库在周游列国时虽然基本没有直接在某一个国家当政,

十一、孔门是中国最早的"兰德公司"

但孔门的治国理念在当时就产生了较大影响,对后世历代王朝的国家治理更是产生了深远的影响。

现代的智库是指专门从事开发性研究的咨询研究机构。智库的职能就是提供咨询服务。智库可以是国家政府,可以是各种企业团体,甚至是个人。当今世界,咨询智库发展最好的是美国。布鲁金斯学会、兰德公司、斯坦福研究所等都是国际一流的智库。智库的发展很大程度上取决于智库的人才,取决于智库独到科学的思想观点。孔门在周游列国时所做的事就是为各国提供咨询服务,兜售自己的国家治理理念。我们从这个智库的一般定义上看,孔门就相当于今天社会的智库。但是不止如此,当时哪个国家用专门人才的时候,也是会找上门来,从孔子集团里请一个人用一段时间,因此孔门还是个很大的高级人才库,比今天的智库还厉害。

2. 周游列国的孔门咨询服务

> 仪封人请见,曰:"君子之至于斯也,吾未尝不得见也。"
> 从者见之。
> 出曰:"二三子何患于丧乎?天下之无道也久矣,天将以夫子为木铎。"(《论语·八佾》)

仪这个地方的长官求见孔子,说:"凡是君子来到我这个地方,我没有不前往拜见的。"孔子的弟子引见他见了孔子。拜见后出来说:"同学们,你们几位何必为没有官位而发愁呢?天下无道已经很久了,老天爷要让你们的老师做天下的向导啊。"

孔门智库的咨询业务非常广泛,原因就在于孔门是一个实力雄厚的咨询机构,当然在人们失去道德底线的时代里重视道德修养,也是他们一个很好的品牌形象。那么孔门到底有哪些咨询业务呢?大致可以分为三个部分:统治者向孔门咨询国家治理、各国向孔门咨询怪异事件和社会礼仪。

孔子是个好老师

一是统治者向孔门咨询国家治理。孔子是鲁国人，鲁国国君向孔子咨询国家治理是最多的。孔子到了其他很多国家，每到一个国家，国君一般都会向孔子咨询政务。孔子主要的治国理念是正名、德政和礼乐教化。

景公问政孔子，孔子曰："君君，臣臣，父父，子子。"

景公曰："善哉！信如君不君，臣不臣，父不父，子不子，虽有粟，吾岂得而食诸！"

他日又复问政于孔子，孔子曰："政在节财。"（《史记·孔子世家》）

齐景公向孔子咨询如何治理国家，孔子说："国君要尽国君的职责，臣子要尽臣子的职责，做父亲的要尽父亲的职责，做儿子的要尽儿子的职责。"齐景公听了很高兴说："太好了！假若国君不像国君，臣子不像臣子，父亲不像父亲，儿子不像儿子，即使有很多粮食，我哪里能够得到并且吃得了它！"另一天，齐景公又向孔子咨询政事，孔子说："政事的关键是节用钱财。"我们可以看出，孔子给出的理政方法是很得当的，尽管齐景公对"君君臣臣父父子子"的理解有偏差，但还是很赞同孔子的意见的。对于孔子"政在节财"的看法，齐景公也是很赞同的。经过两次问政，齐景公非常欣赏孔子的贤能，准备把尼谿那个地方分封给孔子，可惜被晏婴阻止了。

二是各国向孔门咨询怪异事件。在《史记·孔子世家》中记载了这么一件事：吴国攻打越国，在越国的国都会稽发现了一个具有一辆马车那么长的人骨节架子。

吴国就派出使者请教孔子："哎呀，妈呀，谁的骨节能这么大呢？"

孔子慢条斯理地说："禹把群神召集到会稽山，防风氏迟到了，禹杀了他并陈尸示众，他的骨节就有一辆马车长。"

使者又问："群神？什么样的人称之为神呢？"

孔子说："山川的神灵能兴云致雨而利天下，守护山川就是神，守护社稷的是公侯，他们都隶属于天子。"

使者又问："防风氏又是干嘛的？"孔子说："防风氏是汪罔氏的君主，

十一、孔门是中国最早的"兰德公司"

守护封山和嵎（音隅）山，漆姓。虞、夏、商时称汪罔氏，周时称长翟（通狄）氏，现在称大人。"

使者再问："人的身高有多少？"

孔子说："最矮的是三尺，僬侥氏就是这个身高；最高十尺，这是身高的极限。"

吴国的使者很惊讶，称赞孔子是圣人。

孔子这个回答是否科学，那是另外一回事，但是人家不是随便说的，关键是有历史根据，很有见识，这让许多人很佩服。

三是人们向孔子咨询礼仪。礼仪在古代是很讲究、很重要的东西，是一个君子为人处事的行为规范，更是国家和地方政府所高度重视的问题。失礼是一件很可耻的事，因此知礼就显得很重要。孟僖子在临终前交代他的两个儿子一定要求学于孔门，就是因为他自己在外交上有过失礼，知道孔子是个非常知礼之人，所以要求自己的两个儿子到孔门学习。我们知道，孔子一贯主张恢复周礼，对礼仪是很有研究的，尤其是对之前的礼仪进行过实地的调查研究。鲁国国君就经常问礼于孔子。据《孔子家语·郊问》里记载，鲁定公曾向孔子咨询古代帝王的郊祭之礼的源起。孔子向他讲述说，万物来源于上天，人来源于祖先。郊祭就是盛大的感怀天地和祖先的仪式。

3. 接受咨询讲原则

卫灵公问阵于孔子。孔子对曰："俎豆之事，则尝闻之矣；军旅之事，未之学也。"明日遂行。（《论语·卫灵公》）

卫灵公向孔子咨询军队阵列的方法。孔子回答说："礼仪方面的事，我曾经听说过；军队方面的事，我从来没学过。"第二天，孔子就走了。孔子晚年离开鲁国周游列国，在卫国待得时间最长，几次往返卫国。这一来是因为卫国有子路的亲戚，待在卫国，就算国君不重用也是有地方住的；二来是因为

孔子是个好老师

卫国基本上一直是善待孔子及其弟子的，虽不受重用，但也奉为贵宾。孔子希望卫灵公能够重用自己，以此来推行自己的仁爱礼乐治国理想。这里，我们就可以看出，孔子的咨询服务是有原则的，原则就是致力于社会稳定与和谐。

孔子是不是真不懂排兵布阵的事呢？显然不是。在第一章里，我们就详细探讨了孔子出身于军人世家，骑马射箭都是很精通的。在《孔子家语·相鲁》里记载了这样一件事：

> 定公与齐侯会于夹谷，孔子摄相事，曰："臣闻有文事者，必有武备；有武事者，必有文备。古者诸侯并出疆，必具官以从，请具左右司马。"定公从之。（《孔子家语·相鲁》）

鲁定公和齐景公在夹谷会盟，孔子正代理鲁国的国相。去之前，孔子对定公说："臣听说有文事时必须要有武事预备，有武事时必须要有文事预备。古代诸侯离开疆土，出行在外，一定配备必要的人员随行，请君上带上军队。"定公听从了孔子的建议（这是必须的，奥巴马来中国参加 APEC 会议还带着自己专门的防弹座驾和贴身保镖呢）。在会盟期间，齐国一方果然用武力相威胁，幸得孔子早有武装防备，且据理力争，维护了鲁国的尊严，且附带收回了汶上三城。我们从这件事中，起码可以看出，孔子这个人并不迂腐，他对武事很重视，而且使用得很恰当。前面也已经讲了，冉求明确说自己排兵布阵的本事是从孔子那里学来的。孔子不仅会排兵布阵这样的基本技能，而且精通战法。

可见，孔子领导的咨询服务组织是要致力于社会的稳定与和谐，遇到咨询带兵打仗、侵略他国这样的咨询业务，他是一概不接的。《史记·孔子家语》还记载：卫国的孔文子要攻打太叔疾，孔文子向孔子咨询攻打的策略。孔子就扔下一句：不知道！出了门之后，就叫弟子们驾车赶快走，避免参与这件事。而且，孔子还说了一句流传千古的很硬气的话：鸟能够选择树木，树木怎么能选择鸟呢？（"鸟能择木，木岂能择鸟乎！"《史记·孔子世家》）看起

十一、孔门是中国最早的"兰德公司"

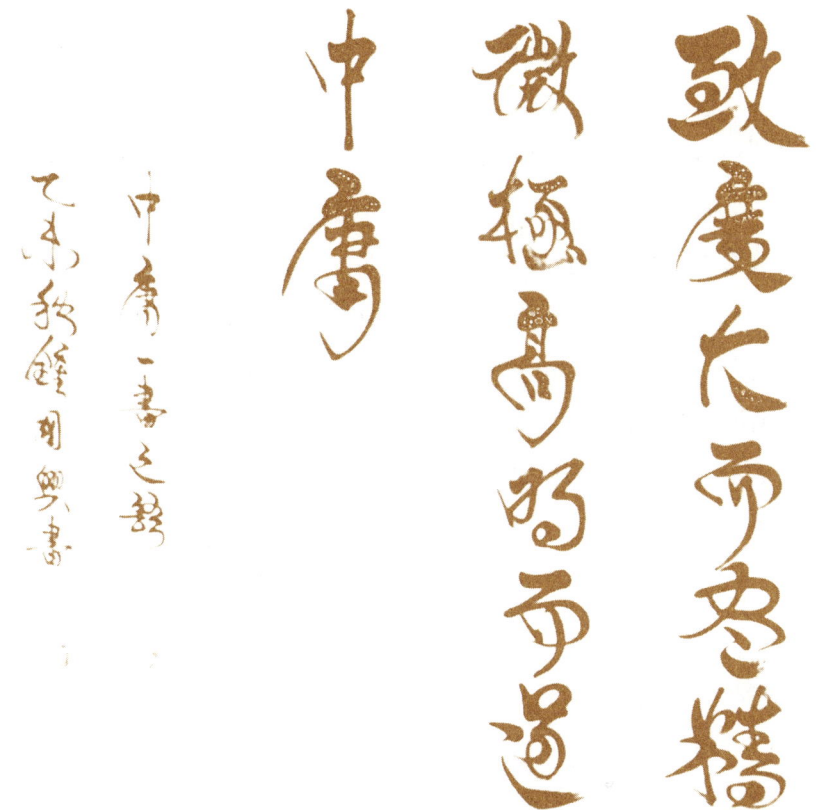

来孔子这次的反应好像有点儿过了,其实并不是。因为孔子追求的是社会有序和百姓安居,孔文子真要去攻打太叔疾,就会引起整个国家的动乱,那么孔子怎能给他好脸色呢?其实,孔子本来和孔文子关系是不错的,还曾称赞孔文子是一个"敏而好学,不耻下问"知识分子呢。

孔门的咨询业务有自己坚持的不可逾越的底线,这种底线很好地体现了士志于道的精神。

不仅孔子,就是孔门子弟在接受咨询时也很好地践行了夫子的咨询服务原则。

哀公问于有若曰:"年饥,用不足,如之何?"

有若对曰:"盍彻乎?"

孔子是个好老师

曰:"二,吾犹不足,如之何其彻也?"

对曰:"百姓足,君孰与不足?百姓不足,君孰与足?"(《论语·颜渊》)

鲁哀公咨询有若说:"年成不好,国用不足,怎么办?"孔子的学生有若回答说:"为什么不实行彻法,只收取十分之一的田税呢?"哀公说:"现在收取十分之二的税我都觉得不够,怎么能只收取十分之一的税呢?"有若说:"如果百姓富足了,您怎么会不富足呢?如果百姓不富足,您又怎么会富足呢?"有若的回答就是"小河无水大河干"啊,当务之急是让小河的水多起来,小河里的水多了,大河自然就有水了。

有若的回答正是孔子主张的爱民思想,孔门弟子敬重有若,在《论语》中把有若称有子,正是由于有若很好地把握了孔子的思想,有若说出的话就像是孔子说的。有若也正是按照孔门的仁德爱民的咨询原则去提供咨询的。

4.继往开来的咨询智库

孔子曰:"夫其乱齐存鲁,吾之始愿。若能强晋国以弊吴,使吴亡而越霸者,赐之说之也。美言伤信,慎言哉!"(《孔子家语·屈节解》)

孔子说:"使齐国混乱以保全鲁国,是我开始的心愿。而能使晋国强盛而削弱吴国,使吴国灭亡而使越国成就霸业,这都是子贡游说的结果。好听的话对诚信是有伤害的,说话要谨慎啊!"我们从孔子的语气中读出子贡是完成了一件孔子交代的保卫鲁国的任务。但是,子贡的动作好像大了点儿,孔子又不好说什么,只是告诫弟子说话要慎重。

这件事是历史上孔门主动效力于鲁国的一次行动。孔子在卫国时,听说齐国的田常将要作乱专权,却害怕齐国鲍氏和晏氏的势力,就想转移他们的军队去攻打鲁国。孔子就召集弟子说:"鲁国,是我的父母之邦,不能不救,不忍心看到自己的国家被他国侵犯。我现在想向田常屈节来挽救鲁国,学生

十一、孔门是中国最早的"兰德公司"

们谁愿意去出使啊?"子路、子张、子石先后出来请缨,孔子都没有允许,弟子们就鼓动子贡去,子贡请缨,孔子欣然应允。因为孔子知道,只有子贡才有那种在各个诸侯国之间纵横捭阖的外交才能。子贡怎么在各个诸侯国之间游说的呢?游说的内容太长,这里就不讲了。但结果是保住了鲁国,弄乱了齐国。使晋国更强大了,越国灭了吴国成为一霸。从这件事情看,孔门的咨询和政治参与是很厉害的,对当时的国家关系和"国际"格局也有过重大影响。

从这个故事中得出一个今天发展智库的重要启示:我们必须发展自己本国的咨询智库。孔子在某种意义上是被赶出鲁国的,但当他的父母之邦鲁国有难时,不等鲁国向孔门求救,孔门就召开会议要救助鲁国。孔子所处春秋时期,天下共主是周天子。但由于是分封建国的封建制,每个诸侯国有自己的土地城池、财政收入和军事力量,基本上是一个个独立的小国家。所以,那个时代又被称为"方国时代"。这有些类似与全球化时代的各个国家,联合国就类似周王室,更多地发挥协调协商的作用。孔门就相当于今天纵横全球的国际咨询智库,在国际事务中发挥着越来越重要的作用。我们今天一些国内公司是在用国外的咨询公司来做公司的咨询服务工作。这在和平发展的环境中,我们往往看不出什么大危害。但是一旦两国交恶,甚至发生战争,各个国家的智库一般都会忠于自己的国家。而这种情况下,如果我们的大型政府或企业的项目让国外的咨询智库来做,就有很大的安全隐患。所以,在咨询智库的发展上,我们也必须自力更生,发展出本土的先进智库。

当然,我们还可以得出另外一个重要启示:智库的发展需要有引人注目的突出业绩。孔子派子贡去游说各国,改变了当时的几个国家的力量对比和发展格局,这不仅展示了子贡个人的才能,更显出整个孔门智库的运作能力。一个智库的发展需要有这么一两次的重大成果来提升自己的形象和知名度,所以,智库需要把握好那一两次成名的机会,使自己迅速成长起来。

孔子是个好老师

5. 向孔门学习发展咨询智库

> 德行：颜渊、闵子骞、冉伯牛、仲弓。言语：宰我、子贡。政事：冉有、季路。文学：子游、子夏。（《论语·先进》）

在孔门之中，品德行为很高尚的有：颜渊、闵子骞、冉伯牛、仲弓。擅长辞令的有：宰我、子贡。擅长处理政务的有：冉有、子路。精通古代文献典籍的有：子游、子夏。这就是著名的孔门十哲，这里根据《孔子家语·七十二弟子解》把前文没介绍的弟子做一下简介。冉耕，鲁国人，字伯牛，品德操行很好。冉雍，字仲弓，与冉伯牛生于同一宗族。冉雍的父母没什么作为，但冉雍却因品德操守而著名，孔子认为冉雍是可以南面而王的从政人才。

孔门咨询智库之所以发展很好，一个重要的原因就是孔门有人才，而且是自己培养的人才。进入孔门的每一个弟子都有缺点，然而孔子却能因材施教，激发每个学生的潜能，发挥每个学生的特长，从而成就了各具特色的孔门人才团队。今天，全球智库的发展呈现出繁荣多样的态势，咨询服务的内容也各有不同，服务的地域也不同，有的就是全球性的跨国咨询智库。但智库的核心竞争力还是人才的竞争，培育出才能突出的当代智库人才依然是发展智库的关键所在。

首先，"择天下英才而用之"，走国际化的智库人才建设。我们从孔门弟子的研究中可以发现，孔门弟子之所以才能各异，就是因为孔子能够有教无类地招收学生，吸纳人才。孔子是鲁国人，但孔门弟子却来自多个不同的国家，可以说孔门智库是一个国际化的咨询服务智库。当今世界智库的发展呈现出国际化的趋势。不仅是经营理念的国际化、研究视角国际化，而且智库业务也国际化。所以，我们需要以本土人才为基础，组建国际化的智库人才队伍。

十一、孔门是中国最早的"兰德公司"

其次，找到适合自己的咨询服务业务。孔门智库的咨询业务主要集中在三个方面：国家治理、突发事件和社会礼仪。当然，孔门智库主打的咨询服务还是国家治理。在当今社会，一个智库的发展要有自己的定位，要有明确的业务范围。选择适合自己的业务就像选择适合自己的对象，都是没有最好的，只有最合适的，适合自己的就是最好的。

伴随着中国自己咨询智库的发展，智库的咨询业务的范围也必然扩大。不仅会扩大到各个领域，还会扩大到各个国家。在这种状况下其实要有两种发展战略：如果本身是大型智库，就可以发挥资源聚合优势，拓展自己各方面的业务，构建全方位、跨学科、体系化的综合咨询服务业务，使自己的研究实力、规模和影响力日趋强大。如果自己是规模小、起步晚的咨询智库，可以先沿着专业化的方面发展，把自己某一方面的咨询服务做大做强，形成自己的核心竞争力。

孔子是个好老师

十二、继承真实的孔老师

1. 时间是把杀猪刀

> 子在川上曰:"逝者如斯夫!不舍昼夜。"(《论语·子罕》)

孔子站在河岸上说:"流逝的时光就像奔腾不息的河水一样,日夜不停。"这是孔子在感叹时间的流逝,时间是最难把握的。孔子的这句千古之叹包含了太多的情感,是对韶光流逝的惋惜,是对人生短暂的哲思,是对自己忙忙碌碌的感伤,是对壮志未酬的遗憾,是对物是人非、人老天不荒的悲叹……

时间最终会带走一切,时间也会留下一切。宋代词人蒋捷在《一剪梅·舟过吴江》感慨道:"流光容易把人抛,红了樱桃,绿了芭蕉。"现如今,有网友把这句词改为:时间是把杀猪刀,一刀一刀催人老。这句话成为了网络流行语,连续数年大行其道。其实,改得虽然粗俗了些,但也是一句实话,并且切合了文人骚客对时间流逝的感慨,以及孔老夫子对岁月如流的叹息。

孔子对时间的追问带有强烈的哲学意味,他似乎知道自己会给后世留下多大的影响。我们都知道孔子说过这么一句话:

> 人无远虑,必有近忧。(《论语·卫灵公》)

一个人如果没有长远的考虑,就一定会有眼前的忧患。我们看到这样的一个关于时间的因果关系:我们今天的忧患是由于过去的短视。而如果我们今天依然短视而无长远打算的话,我们明天就会依然活在忧患中。这是一个

继承真实的孔子

孔子是个好老师

环环相扣的因果链条。反之,我们过去有长远打算,今天就会很从容、有所成就,并为以后谋划好。那么,迎接来的自己的明天也是美好的。孔子关于时间思考的一个重要观点就是:人要有长远的打算,时时刻刻都要为将来谋划。作为一代杰出老师和著名智库首领,孔子的目光穿越3000年,能够观照到我们今天的人类生活,甚至更久。

　　子张问:"十世可知也?"

　　子曰:"殷因于夏礼,所损益,可知也;周因于殷礼,所损益,可知也。其或继周者,虽百世,可知也。"(《论语·为政》)

子张请教孔子道:"以后十代的礼仪制度可以知晓吗?"孔子说:"殷商继承夏代的礼仪制度,所去除的和增加的内容,都是可以知道的;周朝沿袭殷商的礼仪制度,所去除的和增加的内容,也是可以知道的。假若继承周朝的礼仪制度向前发展,即使是一百个朝代,也是可以知道的。"一代一般是指30年,十世就是300年,子张就是询问300年后的社会状况。孔子根据历代礼法制度的损益增减情况,答复说3000年后社会礼仪制度也是可知的。百世就是100个30年,就是3000年。从孔子时代到今天,还不到3000年。可以说,孔子的目光跨越了3000年,越过我们的生命,关照到我们以后的社会状况。孔子当然不能精确地预测到今天的社会发展状况,就是当时的社会发展也没按孔子的预想发展。但孔子用一个"仁"也就是人性之爱,把握了社会和历史的精神。我们要学孔子这种精神,他对时间的终极追问,对人类社会长远发展的关怀。如果一个人只是关注自我当下的利益,他的思想成就注定深刻不了,注定不能产生持久的影响。

时间是一个永恒的哲学命题。生命从诞生之日起就一步步走向了死亡,死亡是每个人的最终归宿,对于每个人都是平等的。但在生命过程中,每个人给这个世界留下的印记是不同的,有的深、有的浅,有的好、有的坏。西方存在主义哲学家海德格尔在《存在与时间》中提出了一个命题:向死而生。通俗的解释就是把每一天都当成是生命里的最后一天,从死亡出发考虑怎么活着,活出每一天的精彩,活出每一天的价值。

十二、继承真实的孔老师

2. 孔子的泪为谁而流

> 颜渊死,子哭之恸。
> 从者曰:"子恸矣!"
> 曰:"有恸乎?非夫人之为恸而为谁?"(《论语·先进》)

最好的学生颜回死了,白发人送黑发人,孔子哭得很伤心。跟随孔子的人说:"您太伤心了!"孔子说:"真的太伤心了吗?不为这样的人伤心还为什么样的人伤心呢?"孔子是非常讲究礼仪的,哭丧有哭丧的礼仪,哭丧的要求一般是哀而不伤,但是颜回死了,孔子的表现过于悲伤了。门人都看不下去了,去提醒孔子,而孔子觉得这样的悲伤程度才足以表达他对颜回离去的伤痛。孔老师真是到了最伤心之处。

此时,孔老师想到了这是颜回对自己唯一的一次失信,却也是永远的一次失信。

> 子畏于匡,颜渊后。
> 子曰:"吾以女为死矣。"曰:"子在,回何敢死?"(《论语·先进》)

孔子在匡被围困,颜回最后才逃出来,孔子说:"我还以为你死了。"颜回说:"老师您还活着呢,我怎么敢死呢?"或许孔子想起了颜回有一次说自己不敢死的事,可是颜回还是先老师而去了。

颜回是孔子最得意的学生,孔子是主张弟子去从政的,但对于颜回不去从政的决定,孔子是赞许的。孔子认为,颜回最得自己学说的精髓,他将颜回视为自己学说的最佳传人。颜回死了,对于孔子而言,真像是要了他的命一样的痛。颜回死了,就是自己学问的最佳传人不复存在,这是老天要消灭他的学说吗?孔子的感叹无疑包含着这样的悲情。其实,颜回没去从政是一件值得惋惜的事,颜回的早死跟颜回自己头悬梁、锥刺股的玩命学习有关,

还跟颜回生活太清苦有关。如果颜回去从政,或许会有非常出色的政绩表现。关键的是,生活上肯定也会得到很大的改善,或许就不会死得那么早了。

颜回的死对孔子的打击很大,在《论语》中有两处记载了孔子对颜回之死的深切悲伤,然而对于早颜回而死的亲生儿子孔鲤只是顺便提了一句。在孔子那里,精神的儿子重于血脉的儿子,孔鲤早亡的丧子之痛远不如失去颜回的痛,孔子与学生之间的感情在某种程度上超出了父子亲情。其实,孔子与另一个学生子路亦师亦友,其师友情谊更可以从子路的死深刻地感受到。子路的死是孔子早就预言了的,是被孔子"咒死"的学生。

十二、继承真实的孔老师

闵子侍侧,訚訚如也;子路,行行如也;冉有、子贡,侃侃如也。子乐。

"若由也,不得其死然。"(《论语·先进》)

学生闵子骞侍立在孔老师身边,显出恭敬正直的样子,像重要领导人身边的警卫;子路显出刚强勇武的样子,像黑社会老大身边的头号马仔;冉有、子贡显出温和快乐的样子,像大企业老总身边的温柔小秘书。孔子看着他身边这几个学生的样子,一下子乐了。但忽然发出了一声哀叹:"子路这个样子下去,估计不得好死啊。"孔子这话透着深深的悲凉,或许他也是故意当着这么多学生面说的,他希望这个孔门大师兄能真正听进自己的话,注意老师的提醒。这也不是孔老师第一次这样说子路,他深知子路的性格,一再敲打子路,希望子路能改变自己好勇过人的性格。但是到后来,孔老师一直想避免的情况还是发生了,子路最终被剁成肉酱。

其实,子路的死是他自己的选择,他是可以跟同在卫国的同学子羔一起离开的。《孔子家语·曲礼子夏问》中记载,子路和子羔一起在卫国做官,卫国发生了蒯聩之乱。孔子在鲁国听说后,说:"高柴会安全回来,仲由则会死在那里。"不久卫国报丧的使者到了,说:"子路死在了卫国的这场政变中了。"孔子老师尽管事先已经料到,但还是坐在正室的厅堂中哭了起来。有人前来吊唁,孔子就以主人的身份拜谢。哭过之后,招进卫国的那位使者,询问当时的详情。使者说:"子路被剁成肉酱了。"说来也巧,孔子家里当时正好有肉酱,可能是包包子用的。孔子就马上让身边的人把家里的肉酱倒掉,悲伤地说:"一想到子路的事,我怎么忍心吃这些东西呢!"

孔子的晚年事实上是很孤独的,这种孤独是内心的孤独。尤其是亲人和得意门生的离去,让他的孤独更增一份悲凉。我们知道,孔子54岁时开始周游列国,68岁回到鲁国,妻子亓官氏是在孔子回国前一年去世的。在孔子归国一年后,也就是孔子69岁时,孔子唯一的儿子孔鲤去世了。值得欣慰的是孔子的孙子子思还可以陪在他的左右。在孔子70岁时,被孔子视为传人的得意门生颜回又去世了。在孔子72岁时,子路在卫国的政变中牺牲了。5年,

孔子是个好老师

竟然4位亲人和最亲近的学生离他而去。

孔子的泪为谁而流？孔子的泪更多的是为学生而流，孔子已经把自己的学生当成了自己的未来，当成了自己生命的延续。自己学生的离去，尤其是自己得意门生的离去在一定程度上就像是自己失去了一部分生命。

3. 夫子不再梦见周公

子曰："甚矣吾衰也！久矣吾不复梦见周公。"（《论语·述而》）

孔子说："我衰老得太厉害了，很久没有梦见周公了。"孔子一心要恢复周礼，他是经常梦见周公的，可现在很少梦见周公了。这既是一种事实表述，更是一种对周礼复兴无望的感叹。

周公是什么人？周公，名叫姬旦，是周文王姬昌的第四个儿子，也是周武王姬发的弟弟。因为他的封地在周，也就是今天陕西省宝鸡市岐山北，所以称周公或周公旦。周公这个人是西周初期很牛气的政治家、军事家、思想家和教育家。在灭商兴周的过程中功劳很大，后又辅佐成王治理国家。就是他制定了礼乐制度，为周代乃至华夏文化奠定了基础。周公深深地影响了孔子，因此他被后世尊称为儒家"元圣"。以前的孔子是经常梦见周公的，因为恢复周礼已成为孔子的信仰。就像西方的有些虔诚基督徒说，他们经常梦见耶稣，这也是正常的事。日有所思，夜有所梦嘛。孔子晚年已经很少梦见周公了，原因应该就是他所处的现实世界已经没有复兴周礼的可能了，而且身体、精力不济也是原因。他自己已经很失望，对恢复周礼也不抱多大希望了。

子曰："凤鸟不至，河不出图，吾已矣夫！"（《论语·子罕》）

孔子说："凤凰没有飞来，黄河没有八卦图出现，在我的有生之年太平盛世是不会到来了。"在古时候，人们一般认为盛世到来时就会天降祥瑞。凤凰、麒麟、洛书、河图等都是祥瑞的代表。孔子在老年时感慨，这些东西都

十二、继承真实的孔老师

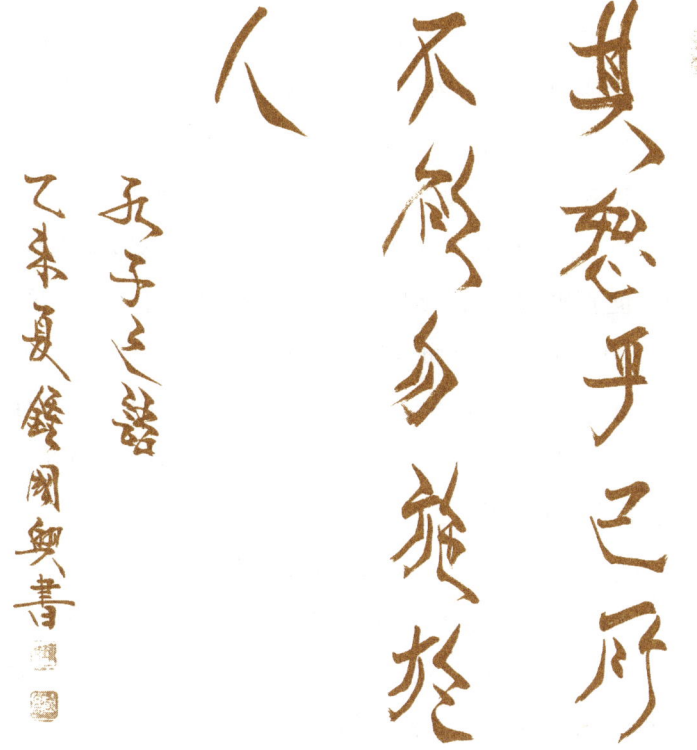

没有出现,看来盛世是不会出现了。其实,在孔子有生之年是出现了祥瑞的,应该是在孔子发表这个感慨之前。《孔子家语·辨物》中记载,叔孙氏的一个车夫在野外砍柴时,捉到了一只怪物,折断了它的前左脚,将它载了回来。

叔孙氏认为是不祥之物,就将它扔到城郭外,并派人咨询孔子:"有只生有角的獐子,是什么?"

孔子去看了看,说:"是麒麟。为什么来这里呢?为什么来这里呢?"孔子用衣袖擦着脸,泪水把衣襟都打湿了。叔孙氏听说后把麒麟带了回去。

子贡很奇怪,就问孔子:"老师您为什么哭泣呢?"

孔子说:"麒麟的出现是圣君将现的祥瑞。可是这只麒麟出现得并不是时候,而且受到了伤害,我因此而伤心。"

在某种意义上讲,孔子就是那种来得不是时候的麒麟。孔子当时正在写

《春秋》，但麒麟事件发生了，孔子就"获麟绝笔"，不再继续写。《春秋》后面的内容是别人加的，已经不是出自孔子的手笔了。看来孔子也深深意识到了，自己生不逢时，学说主张在当时得不到推行是必然的了。其实，就在孔子周游列国时就有人感慨孔子是圣人，可惜出现得不是时候。

孔老师的确老了，有一天早上，有些悲伤的孔老师背着手，拖着手杖，在门口漫步徘徊，口中唱到："泰山大概要坍塌了吧！栋梁大概要折坏了吧！哲人大概要逝世了吧！"（孔子因叹，歌曰："泰山坏乎！梁柱摧乎！哲人萎乎！"《史记·孔子世家》）子贡这时来看望孔子，孔子埋怨他来晚了。虽然口头上埋怨子贡，实际上是表达自己是多么喜欢往昔学生们天天相伴的日子。孔子已经预感到自己不久于人世，向子贡交代了一些后事。就在七天之后，老师们永远的榜样孔子就逝世了。

孔老师逝世后，孔门弟子以父亲之礼把他安葬在鲁国都城北泗水边上。弟子们就在孔子墓旁服丧，三年之后，有的学生留在当地，有的学生离开了。子贡不忍离去，又在孔子墓旁守护了三年。整整六年陪伴坟墓中的老师，什么样的敬重和感动，才会让一个学生做到如此地步？

孔子逝世了，但他的学说被弟子们及后世人传承下来。

4. 曾参和子夏的两条继承路线

子曰："予欲无言。"

子贡曰："子如不言，则小子何述焉？"

子曰："天何言哉？四时行焉，百物生焉。天何言哉？"（《论语·阳货》）

孔子说："我不想说话了。"子贡说："如果老师您不说话了，我们怎么向别人传播您的思想呢？"孔子说："天何尝说过话！一年四季照常运转，天下万物照常生长，天何尝说过话！"当老师当久了，就有一个毛病：爱唠叨。

十二、继承真实的孔老师

孔老师好像没这个毛病,他居然说自己不想说话了。孔老师用天来做比喻,就是要告诉学生,我不说话了,天地大道依然存在。我不在了,你们依然要践行道义。孔老师走了,但孔老师的道德学说却流传下来了。而且,他的学说在今天仍然受到国内外的高度重视。

孔老师自认为的最得意的传人虽然离去了,但他的传人却前赴后继,并形成了蔚为壮观的儒家学派。

> 自孔子之死也,有子张之儒,有子思之儒,有颜氏之儒,有孟氏之儒,有漆雕氏之儒,有仲良氏之儒,有孙氏之儒,有乐正氏之儒。(《韩非子·显学》)

孔子逝世后,儒家分成了八派:尊奉子张的一派、尊奉颜回的一派、尊奉子思的一派、尊奉孟子的一派、尊奉漆雕开的一派、尊奉仲良子的一派、尊奉荀子的一派、尊奉乐正子春的一派。这八家的学问虽然是有差异的,但都发端于孔子的学问,共同尊奉孔子。这八派是韩非子的分法,历来学者对这个分法说法不一。我们再看看司马迁在《史记·儒林列传》中的记述:

自从孔子去世后,他的七十多名弟子散开交游诸侯,成就大的当了大官或者成为帝王师。成就小的结交士大夫,当家庭教师兼任顾问。也有的隐居了,不再过问江湖事。子张去陈国,澹台子羽去楚国,子夏在西河讲学,子贡终老于齐国。像田子方、段干木、吴起、禽滑釐这些在历史上有头有脸的人,都在子夏那里接受教育,子夏也就成了当时的名师。子夏的这些有名的学生中,魏文侯是特别好学的。从战国到秦始皇时代,天下人都忙于战争,强调富国强兵,儒家那一套在当时不怎么受待见。但是在齐鲁大地上,就是孔孟之乡的山东,学习儒学的人还是很多的。在齐威王、齐宣王时期,孟子、荀子等人,都继承了孔子的事业并加以润色发展,凭借学识而闻名于世。

孔子之后,儒家的发展呈现出分流之势。当然,现在我们知道,主要有两个发展路线:一条是沿着曾子、子思、孟子的发展路线;一条是沿着子夏、荀子、韩非子发展下来的路线。由于第二条路线后来进入了法家,荀子的两个学生韩非子和李斯都成为了法家的代表人物。所以,我们一般认为第一条路线是最为正宗的路线。但是第一条路线也出现了曲折,到宋明变成了程朱弘扬的理学路线。其实朱熹对儒家做了很大的根本性的修正,用"存天理,灭人欲"毁掉了儒家的人本和仁爱、忠恕、中庸的精神实质。

> 斯吾之谓道也,非向所谓老与佛之道也。尧以是传之舜,舜以是传之禹,禹以是传之汤,汤以是传之文、武、周公,文、武、周公传之孔子,孔子传之孟轲。(韩愈《原道》)

这就是韩愈在《原道》中论述的道统思想,儒家思想发展线索不是韩愈所讲的那么简单,但韩愈也的确说出了最重要的一条线索。今天的现代新儒家大多认同韩愈所说的这条线索。中华文化以儒释道为主体,儒家又是其中的主流,而这条主流在孔子那里才真正得以形成。

5. 真假孔夫子

> 凡所有相,皆是虚妄。若见诸相非相,即见如来。(《金刚经》)

《金刚经》里讲,人世间呈现出的一切相都是虚妄不实的。若能悟得一

十二、继承真实的孔老师

切相的虚妄不实,就能证见如来了。这本是佛家理论,但却可以说明呈现在万千人前不同面目的孔子都可能不是孔子的真面目,我们需要重新认识孔子。就像《西游记》里有真假美猴王一样,孔夫子也是有真假的,或许你印象中的孔子就是不真实的。

孔子在很多人眼中是板着脸端着的圣人,是维护封建等级秩序的代言人。其实真实的孔子不是这样,通过上面的论述,大家应该能感受到孔子既是很伟大的人,又是凡人;既可敬又可爱,甚至很好玩。孔子在很多人的心目中为什么会有那么刻板的印象呢?这是因为自孔子成名以来,无数学者和帝王将相或有意或无意地歪曲了孔子的形象。

首先是儒家的继承者歪曲了孔子。"亚圣"孟子宣称他继承了孔子的正统思想,而且非常积极地捍卫儒家思想。但孟子在精神气质上与孔子的精神气质是有很大差距的。我们知道,孔子是很讲究礼仪,讲究温良恭俭让的。《论语》是一本对话体的书,没有长篇大论,谈话中没有强硬的语气。而我们读《孟子》这本书的时候会被书中的浩然之气所折服,也会为其中的狂傲之气感到有些不舒服。《孟子》这本书里有很多辩论很精彩,能让我们学到很多辩论技巧。但也有一些诡辩的东西,甚至是强词夺理的东西。当然,孟子在整体上是很好地继承了孔子思想,但在精神气质上的确跟孔子不大一样。

后来到了汉朝,董仲舒又把儒家的仁爱和神秘的"天"联系起来,用"天人合一"进行发挥,他的说法已经对于孔子"不语怪力乱神"有一定突破。但是董仲舒并没有站在仁爱的对立面,仍然属于对儒家的发展。发展就要有所突破,评价是发展还是曲解和阉割,就看是否保留孔子所坚持倡导的仁爱、忠恕和中庸精神。

谁是歪曲和阉割儒家精神最狠的角儿?是被人们认为所谓的"大儒"朱熹。有点传统文化知识的人都知道,朱熹有一个著名的论断:存天理,灭人欲。他把天理和人欲完全对立起来,并且赞成"饿死事小,失节事大"。这哪里还有孔子思想的影子?孔子的思想是温情脉脉的、宽容的、不偏不倚的,

孔子是个好老师

孔子的仁爱思想是尊重人性的，尊重每个人的情感和合理欲求。朱熹自命为孔子思想的正统继承者，但他阉割了孔子思想的仁爱本质，从此孔子仁爱、忠恕、中庸之道统统被扔得无踪无影，人只是被当作了实现"天理"的工具，所谓的儒家成了统治者非人性化的专制的简单工具。

朱熹为了阉割儒家精神，不惜用所谓"天理"对儒家名言作违背古汉语规律的解释。例如《大学》开篇就讲到："大学之道，在明明德，在亲民，在止于至善。""止于至善"是大学最重要的关键词，那么这四个字是什么意思呢？读书人都知道，造纸术发明之前古人是用竹简写书，因此用词必须精练，基本上每个字都有一个意思。这四个字其实很明白，就相当于现代的四个词：止——停止；于——在于；至——达到；善——完善。四个词组合起来的意思：停止的目的在于达到完善。这句话在《大学》这本书里，说的是人要知道控制自己的欲望和行为，来达到自我完善。而朱熹这位阉割手是怎么解释的呢？他把"止于"理解为一个意思，解释为"达到"；然后把"至

182

十二、继承真实的孔老师

善"理解为一个词,解释为"天理"。于是他把止于至善解释为"达到天理"。大学里哪里有他所讲的"天理"啊?很显然这是不讲道理的强词夺理,是把大学里根本没有的意思强加给这部著作,是偷梁换柱。

《大学》这本书相传是孔老师的孙子子思所作,是儒家的著名经典,而止于至善是其中最重要的概念。朱熹通过这种"借腹怀胎"的方式,阉割了人家孔老师孙子的思想,也达到了曲解人家爷爷的精神实质的目的,真是够有心计的。他确实很成功,从此人们就真的把他当作"大儒",把他的解释当作儒家本来的精神实质了。这个做法很像历史上成功的政治商人吕不韦,表面上看是送了别人一个漂亮的小老婆,其实已经先让这个小老婆怀了自己的儿子,于是秦国的江山从此已经属于姓吕的了。不知道朱熹是不是和吕不韦学来的招数,但他的成功不亚于吕不韦这个人。

历代帝王为了加强自己的统治,确实需要儒家的礼治,但是好多都不太喜欢孔子仁爱、忠恕、中庸的一套东西,因为这套东西简直和博爱、宽恕、兼容等现代理念差不多,而且首先是针对统治者提出的。孔子提出的"君君、臣臣、父父、子子"的思想,是讲你当国家一把手就要尽到一把手的责任,统治者和老百姓不管干什么的,都要尽到相应的责任和义务。统治者们当然喜欢把自己摆在这一套要求之外,更感兴趣的是用这一套东西要求手下官员特别是老百姓,用孔子主张的以礼乐来教化民风,用正名来规范社会秩序。他们片面强化孔子学说中的等级观念,并且弱化甚至有意忽视孔子思想中对统治者的要求。在这方面,做得最过分的是朱元璋,他只允许用朱熹的一套说法来解读孔子和四书五经,而且对于朱熹的一些说法还做了删改。本来孔子的学说被朱熹阉割一次了,就已经惨不忍睹,随后朱元璋又对朱熹的阉割再下手进行了一次阉割,于是儒家的精神就被阉割没了。为了加强统治连续制造"文字狱"的清朝统治者们,当然原原本本地继承了这一套做法。所以经过这"二朱"阉割之后,中国已经没有真正的儒家,最多还有一些儒者而已。

孔子是个好老师

阉割之后,精神实质没有了,至少形体还在。但是上个世纪毁灭性打击来临了,儒家仅存的外形于是轰然倒下,不复存在。五四运动时期,国人祭出"打倒孔家店"的旗号,把孔子批得体无完肤,骂得没有人样儿。其实,当时祭出的旗号是"打倒孔家店",这个孔家店里哪里有孔子?人们骂的其实不过是"冒牌孔家店",反对的思想并不是原本意义上的孔子的思想,实际是经过历代学者和帝王歪曲了的孔子思想,这种思想与孔子真实的思想已经背离很远了,甚至在精神气质和理论内核上是相反的。

那么,我们应该怎么去认识真正的孔子呢?我们应该通过研读孔子自己的著作或者被确认可信度高的著作来认识真正的孔子。《论语》《孔子家语》《史记·孔子世家》等都是理解孔子思想的好著作。我们更要读孔子亲手整理的著作来把握孔子的思想。《易经》《春秋》《尚书》《诗经》这些孔子亲手整理的著作可以很好地反映孔子的精神气质,通过读这些经典可以感受到孔子。

十三、孔子给我们的当代启示

1988年,来自世界各地的74位诺贝尔奖获得者在巴黎召开会议,探讨一系列诸如和平、发展、环境、民族、宗教、信仰等国际问题。其间,1978年物理学诺贝尔奖得主,在等离子物理学研究领域中贡献卓著的瑞典人汉内斯·阿尔文教授提出:"人类要想在21世纪生存下去,就必须回到2000年前,从孔子那里寻找智慧。"此言一出,立即得到与会74位诺贝尔奖得主热烈的鼓掌欢呼,他们对此观点表示一致赞成。

孔子能给我们很多关于人生意义的思考。人生的意义实际上是大多数人经常思考的问题,只是思考的方式不一样、思考的程度不一样而已。人生道路的每一步都包含着一个人对自己人生意义的思考,不管是积极的思考还是消极的思考。孔子留给我们很多人生启迪,作为一个好老师,他至少给了我们这样五个启示:一是教育的目的是唤醒;二是成长比成功更重要;三是要做一个有担当的君子;四是做学问要有一点儿终极关怀;五是做一个全面发展的人才。

1. 教育的目的是唤醒

子曰:"吾有知乎哉?无知也。有鄙夫问于我,空空如也。我叩其两端而竭焉。"(《论语·子罕》)

孔子并不认为自己什么都懂,相反,他认为自己在很多方面是无知的。

孔子给我们的当代启示

十三、孔子给我们的当代启示

他自己说:"我很有知识吗?我没有太多知识。如果有庄稼人问我问题,我一点儿也答不上来。我的办法是从别人所提的问题正反两方面来追问,一步步问到底,得到答案后尽量告诉他。"孔子是通过一步步追问以后,明白了别人问的问题,最后得出一个结论再告诉他。我们可以想象一下,在孔子问询的过程中,这个问题的解决之道其实在问问题的人心中,只是还没有清晰地呈现出来,孔子是在帮他做分析,使答案呈现出来。这就启示我们教育不是老师把一个现成的答案塞给学生,而是启发学生自己找出答案。不是老师有一个宝藏,强行塞给学生,而是发掘出学生自己内在的宝藏。

古希腊哲学家柏拉图甚至认为,学习就是回忆,老师的任务就是启发出本来就藏于学生内心的知识。《曼诺篇》中记载:苏格拉底做了一个实验,通过适当的提问,便使从未学过数学的童奴知道如何计算正方形面积,知道两个正方形的面积之比等于他们边长平方之比。这里,柏拉图认为我们的知识不是后天被人给予的,而是深藏于我们每个人的灵魂深处,但处于潜在的迷蒙状态,教育的目的就是唤醒潜藏于我们内在的知识。

柏拉图的这种观点虽然是一种哲学论断,却给我们诸多启示。老师教给学生很多知识,最终还是要学生自己理解领悟,并能灵活应用。我们告诉学生很多做人的道理,最终也得靠学生自己在生活实践中去体会、去提升。所以,教育首先要唤醒学生的求知欲,唤醒学生的自尊心与自信心,这样就能起到事半功倍之效。

教师是人类灵魂的工程师,肩负着培养国家未来人才的重大使命。老师的职业不是给学生注入灵魂,因为每个学生本身就有灵魂,有个性。教师的任务是通过触及学生灵魂的教育,唤醒学生的良知良能,激发出学生的巨大潜能。从而变"要我学"为"我要学"。这对老师的要求很高,不仅要求老师有渊博的学识,高尚的师德,还要有科学的教学方法。而在前面论述的尊重学生自我思考能力的孔门教育原则,问题导向的启发式、研讨式的孔门教学方式,学为君子儒的孔门人格培养目标等,都是值得现代教师借鉴学习的。

孔子是个好老师

教育的目的既然是唤醒,那就一定要注意采用个性化的唤醒方式。学校不是工厂,不是用来生产成批量、标准化的商品。学校是花园,要根据各种花草的特性,进行施肥浇水。所以,个性化的教育方式很重要。要像孔老师那样,看到每个学生的潜质,针对每个学生的特点,鼓励发展各方面才能。教育是一种技术,更是一种艺术,它需要用心去做,用爱去做。

2. 成长比成功更重要

> 子曰:"弟子入则孝,出则悌,谨而信,泛爱众,而亲仁。行有余力,则以学文。"(《论语·学而》)

孔子说:"年轻人们啊,在家时要孝顺父母,出门了要友爱兄弟,谨慎恭谨而且诚实守信,广泛地关爱他人,亲近有仁德的人,如果还有余力,就应当学习文化知识。"我们在这里可以看出,孔子非常重视品德教育。孔子是把一个人的品德教育放在知识教育之前的,一个人首先要能做到孝悌、诚信、爱民、亲仁,然后再去学习文化知识。

现在我们的教育不那么重视学生人格培养,思想品德作为副科,里面更多的内容是政治思想灌输。对人格培养老师不重视,学生更没有这种意识。而学生家长从小就培养小孩各个方面的才能,比如钢琴、绘画、舞蹈等,小孩的课外时间被各种课外兴趣班占据着。不是说兴趣班没有用,但太多了、泛滥了总是不好。孩子需要培养孝顺、友爱、诚信等基本品质,而且这些品质在孩子小的时候是容易培养的。学校的功能就是为社会输送合格的公民,如果输送的是没有健全人格而只有知识的人,那么对于社会来说仍属于残品。我们现在的教育强调的是学生的成功,而不是学生的成长。

现在,也有一些老师和学生家长意识到这个问题,开始注重对孩子的传统美德的教育。通常我们会选一本经典教材——《弟子规》——来教育小孩。

十三、孔子给我们的当代启示

《弟子规》的开篇是这样的：

总叙：弟子规 圣人训 首孝悌 次谨信 泛爱众 而亲仁 有余力 则学文

这几句话就是《弟子规》的总纲，内容就是《论语·学而》中的第六条。《弟子规》原名《训蒙文》，是清朝康熙年间秀才李毓秀所作，详述了弟子在家、出外、待人、接物与学习上应该恪守的守则规范。《弟子规》根据《论语》等经典编写而成，集孔孟等古代哲人的道德教育之大成，提传统道德教育著作之纲领，尽管其中有一些内容需要修正，但仍是接受伦理道德教育、养成有德有才之人的最佳读物。其目的就是要对孩子进行启蒙教育，为将来成长和发展奠定基础。

道德教育是从幼儿园到大学的必修课，而且还是一门实践课。我们的教育必须确定这样一个理念：成长比成功更重要。受教育的目的不是为了成功，而是为了成长，成长为一个有底线、有信念、有担当、有作为的成人。人要不断地成才，是自己对自己越来越满意，每天进步一点儿，就是很好的成长。现在社会，很多人把物质财富占有的多寡作为衡量一个人成功的重要标准。这样的成功观的确可以激发人的积极性，但物质财富的富足往往不能弥补精神的缺憾。学校的教育要挖掘出每个学生的向善本性，培育学生最重要的成长是心灵的成长，是眼界和心胸的成长。

3. 做一个有担当的君子

子路从而后，遇丈人，以杖荷蓧。

子路问曰："子见夫子乎？"

丈人曰："四体不勤，五谷不分，孰为夫子？"植其杖而芸。子路拱而立。止子路宿，杀鸡为黍而食之，见其二子焉。

明日，子路行以告。

子曰："隐者也。"使子路反见之。至，则行矣。

子路曰："不仕无义。长幼之节，不可废也；君臣之义，如之何其废

孔子是个好老师

之？欲洁其身，而乱大伦。君子之仕也，行其义也。道之不行，已知之矣。"（《论语·微子》）

子路跟着孔子走，掉队了，遇见一个用拐杖挑着除草农具的老人，子路就问他："您见到我老师了吗？"

老人说："有四肢不劳动，对五谷分不清，谁是你老师啊？"说完，就把拐杖插在田边去除草了。子路就拱着手恭敬地站在旁边。于是，老人就把子路带回家留宿，杀鸡做米饭给子路吃，还把自己的两个儿子叫出来见子路。第二天，子路找到孔子并告知昨天的事。

孔子说："这是一个隐者啊。"于是让子路再回去请教老人。子路到老人住处后却发现老人已经出门了。

子路说："不出来从政做事是不道义的。长幼之间的礼节是不能废弃的；君臣之间的礼节就能废弃吗？想要保持自身的高洁，而忽视长幼君臣之间的重大伦理关系。君子出来从政做事，就是尽君子的道义和责任。至于天下大道能不能在现在行得通，我们早就知道了。"

这个故事非常精彩：首先，我们可以看出子路在孔子的教导下已经成为一名深知道义、践行道义的君子；其次，孔门非常尊重有道隐者，喜欢向他们请教大道；再次，隐者对于孔门是敬而远之，觉得他们的做法很是徒劳，但也很敬重；最后，也是最重要的是，孔门有知其不可为而为之的担当精神，这也正是儒道两家的根本区别。孔门中的子路，也清清楚楚地知道他们的道在当时是不可能得到很好的推行的，但他们依然积极去做，去向各国统治者游说自己的治国理念，这就是孔门的君子担当精神。这种知其不可为而为之的精神，尤为难能可贵。就像是有一个大船倾覆，整个船的人都将落水，而你确实没法制止整个船的倾覆，那么是应该尽力延缓倾覆，多救几个人，还是袖手旁观呢？有道义感的人会选择前者。

前面我们讲了孔子去周王室问礼于老子，孔老两人相互敬重，孔子的思

十三、孔子给我们的当代启示

想很受到一些老子思想的影响。孔子也认为危邦不入、乱邦不居,该保护好自己的时候,一定要保护好自己。但这不意味着孔子完全赞同老子哲学,只是清静无为。孔子还是主张积极入世,尽自己的最大努力来救世。在孔子及其孔门弟子身上体现出高尚的担当精神。

有担当精神不一定就能做出伟大业绩,但没有担当精神一定不能成就丰功伟业。担当比成功更重要,因为它是成功的前提,是一种人格的体现,是道义的践行。对于社会上关系到许多人生存状态的难题,你也许在整体上是无能为力的,但是你可以做自己力所能及的事情,而不是随波逐流。孔子的伟大不止在于他留下一套仁爱的学说,更在于他知其不可为而为之的一生的实际践行,而且是带领一个团队的践行。这种担当和践行带有几分悲壮的意味,感天动地,令人肃然起敬。

无论社会问题多么令人无奈,社会现象多么污浊,都不要给自己顺从邪恶、为虎作伥的理由,都不要给自己随波逐流、蝇营狗苟的理由,都不要给自己逃避责任、躲避问题的理由。不要跪下,不要躺着,要站起来,在可能的条件下,尽自己的力量,有一点担当,做一个像孔子和他的学生们一样的真正的君子。

4. 做学问要有点儿终极关怀

> 子贡曰:"夫子之文章,可得而闻也;夫子之言性与天道,不可得而闻也。"(《论语·公冶长》)

子贡就曾感慨:"老师平时所讲的文献方面的知识,在别的地方也可以听到;但老师讲的性与天道方面的道理在别处听不到了,而且老师也很少讲。"孔子不是不讲,是讲得少,而且他讲的关于性与天道的内容在别处是听不到的。孔子之所以讲得少是因为这个东西比较高深,讲了学生也不一定就听得懂。关键是,终极关怀更多的是一个实践精神,自己做出来往往比讲出来更

孔子是个好老师

有说服力和影响力。

性与天道的道理，孔子讲得少，但还是讲了一些。在人性论上，孔子就提出性相近也，习相远也。孔子认为，人的本性是基本一样的，是后天的学习使人与人之间的差距拉大。孔子非常重视性与天道这个重要的哲学问题。

孔子在《论语》最后一章最后一句论述就是关于天道的。

孔子曰："不知命，无以为君子也；不知礼，无以立也；不知言，无以知人也。"（《论语·尧曰》）

孔子说："不懂得天命，就不能成为君子；不懂得礼，就不能立足于社会；不懂得分析理解别人的语言就不能了解别人。"这是《论语》压轴的一句话，而在知命、知礼、知言这三种能力上，孔子是把知天命放在首位。知天命就是要有终极关怀，就是要有心怀天下，追求生命终极意义的人生境界。一名学者，只有真正关心人类社会的长远发展和人的生命的价值，他的学说才可能有深远的历史意义，才会有长远的生命力。一名真正致力于研究人类社会长远发展问题的学者可以把下面这句话作为座右铭。

子曰："君子食无求饱，居无求安，敏于事而慎于言，就有道而正焉，可谓好学也已。"（《论语·学而》）

孔子说："君子在饮食方面不贪图饱足，在居住方面不贪图安逸，勤勉做事，谨慎说话，用高尚的道德来矫正自己，这样的人就是好学的好学者。"孔子这话对于今天有些学者是有很强的针对性的。在国内的一些学者身上存在这样两个问题：一是功利化，一切向钱看。过分追求市场经济利益，觉得什么学问能够马上产生经济效益，就全身心投入其中。另一个有市场的研究课题又来了，就又投入到另一个课题之中。这些老师学者的身心时刻是被眼前的利益束缚着，就很难为全人类的长远发展做出自己的理论贡献。二是政治化。有些老师学者全然跟着国家的政策宣传走，国家的某一项政策和宣传口号提出，就马上去解读，去出专著。自己的研究往往也只是做简单的诠释。如果一个社会大多是这样的学者，未来就让人担心了。我们的国家更需要能

引领社会发展的思想家和战略家,学者的观点要能走在政策方针的前面,为国家的长远发展献计献策,而不是当"马后炮"。如果一个老师、一个学者过于功利化和小家子气,那么这个老师、学者就不能带出顶天立地的学生,也做不出影响深远的大学问。

5. 做一个全面发展的人才

子曰:"志于道,据于德,依于仁,游于艺。"(《论语·述而》)

孔子说:"要立志向道,据守道德,依靠仁义,游娱艺术。"孔子对自己和自己的学生提出了明确的要求:要立志向道,就是要走正道,行正道。要有远大的志向,敬畏天道,敬重地道,践行人道。据守道德,就是要时刻坚守自己的道德底线,而且要以高的道德标准去要求自己。依靠仁义,就是能够泛爱众而亲仁,关爱身边的每一个人以及整个社会。"己所不欲,勿施于人","己欲立而立人,己欲达而达人"。游娱艺术在当时主要是指能够精通六艺,也就是礼、乐、射、御、书、数这小六艺,这小六艺也就是当时公务员考试的考试内容,是一个想从政的人必须掌握的六门知识。孔子的这些主张对于我们今天做一个自由全面发展的人才有诸多启示。

志于道:人要有一种行道情怀,有一种为天下大道奋斗一生的理想信念。孔子开始周游列国时已经是54岁的高龄,在今天也是一个快要退休的年龄。是什么力量促使孔子在老年还要四处奔波呢?是道义。孔子看到当时战争不断、社会混乱,决心救济苍生,为广泛传播仁爱思想而周游列国。于是,他的思想超越了那个时代,穿越了历史,一直影响到今天,影响到世界。什么可以超越有限的生命?广行大道。

据于德:孔门是把德行放在首位的。司马光在《资治通鉴》里讲:德者,

才之帅也；才者，德之资也。德性往往能弥补智慧的缺陷；智慧却不能填补德性的缺失。古人讲立德、立功、立言的三不朽，放在首位的依然是立德。德行高尚的人能真正获得别人的尊重，也真正能在内心深处体会到德行的高贵快乐。

在德行的修养上，一定要诚，切忌表面一套，背后一套。在修身立德上注重一个"诚"字，不欺人，不自欺。"诚者，天之道也；诚之者，人之道也。"（《中庸》）对于一个人的修养是这样，对于一个组织的发展也是这样。北京同仁堂是全国中药行业著名的老字号。创建于1669年（清康熙八年），在300多年的风雨历程中，历代同仁堂人始终恪守"炮制虽繁必不敢省人工，品味虽贵必不敢减物力"的古训，树立"修合无人见，存心有天知"的自律意识，产品已行销40多个国家和地区。

依于仁：《孔子家语·曲礼子夏问》中讲了一个孔子葬狗的故事。

> 孔子之守狗死，谓子贡曰："路马死，则藏之以帷，狗则藏之以盖。汝往埋之。吾闻弊帷不弃，为埋马也；弊盖不弃，为埋狗也。今吾贫，无盖。于其封也，与之席，无使其首陷于土焉。"（《孔子家语·曲礼子夏问》）

孔子家的看门狗死了，孔子让身边的学生子贡把狗安葬了。并嘱托子贡说："马死了，要用帷幔包裹好再埋掉；狗死了，要用车篷盖包裹好再埋掉。我还听说，破旧的帷幔不扔掉，为的是可以用来埋马；破旧的车篷盖不扔掉，为的是可以用来埋狗。现在我很穷，连车篷都没有。你在埋它的时候，也得用张席子把它包裹起来，不能让它的头直接埋在土里。"这是读了就让人心中充满温暖的故事，孔子是一个那么爱护动物、尊重生命的人。

在让子贡埋葬前他非常详细地交代子贡该怎么体面但又不是铺张地埋葬那只狗。这里就体现了孔子深厚的仁爱精神，体现出孔子的仁爱精神由人延伸到其他生物。没错，孔子的仁爱精神不仅体现在人与人之间，还体现在人与其他生物上，乃至对宇宙苍生的大爱，体现在内心无处不在的柔软。仁爱精神就是要对万事万物有一种爱的情感，希望任何事物都能向好的方向发展，

十三、孔子给我们的当代启示

践行忠恕之道无疑就是仁爱精神的落实。

游于艺:孔子是一个多才多艺的全才,在才能上,孔子就对所有弟子形成了全面的吸引力。在今天这个社会,能有一些高雅的艺术情趣很重要。比如说书法、象棋、围棋、乐器等。高雅的生活情趣不仅能陶冶人的情操,还能大大丰富人的业余生活。尤其是到了老年,情趣爱好对一个人的重要性更是不言而喻。

什么东西能伴随一个人的一生呢?财富?名誉?地位?显然不是。自己的亲朋好友也不是,甚至自己的兄弟和伴侣也不是。生命终究是"赤条条来去无牵挂",是孤独的,是个体的。财富是用来满足人的基本需求的,财富达到一定的数量,它的边际效应就显现出来。名誉和地位也会随着自己离开某一个岗位、某一个领域而逐渐为世人所遗忘。所以,人在精神上要成为一个

自足体,能够自立于天地间。在此基础上,才能真正成为他人的依靠和精神寄托。此时,人的情趣爱好很重要。一个拥有健康情趣爱好的人是不寂寞不烦躁的人,因为这样的人就算不再身居高位,不再呼风唤雨,不再高朋满座,也会有情趣爱好常伴其左右。情趣爱好就像是一个永不变心的老朋友,你拥有的时间越长,彼此的默契就越好,给你带来的踏实感也越强。权力财富或许不能伴人一生,情趣爱好却会终身受用。

读完这本书,掩卷而思,是否觉得孔老师给了我们一些启迪呢?

附录
《论语》全文

学而第一

1.1 子曰:"学而时习之,不亦悦乎?有朋自远方来,不亦乐乎?人不知而不愠,不亦君子乎?"

1.2 有子曰:"其为人也孝弟,而好犯上者,鲜矣;不好犯上,而好作乱者,未之有也。君子务本,本立而道生。孝弟也者,其为仁之本与!"

1.3 子曰:"巧言令色,鲜矣仁!"

1.4 曾子曰:"吾日三省吾身:为人谋而不忠乎?与朋友交而不信乎?传不习乎?"

1.5 子曰:"道千乘之国,敬事而信,节用而爱人,使民以时。"

1.6 子曰:"弟子入则孝,出则悌,谨而信,泛爱众,而亲仁。行有余力,则以学文。"

1.7 子夏曰:"贤贤易色,事父母能竭其力,事君能致其身,与朋友交,言而有信。虽曰未学,吾必谓之学矣。"

1.8 子曰:"君子不重,则不威;学则不固。主忠信,无友不如己者。过则勿惮改。"

1.9 曾子曰:"慎终追远,民德归厚矣。"

1.10 子禽问于子贡曰:"夫子至于是邦也,必闻其政,求之与?抑与之与?"子贡曰:"夫子温、良、恭、俭、让以得之。夫子之求之也,其诸异乎人之求之与?"

1.11 子曰:"父在,观其志;父没,观其行;三年无改于父之道,可谓孝矣。"

1.12 有子曰:"礼之用,和为贵。先王之道,斯为美;小大由之。有所不行,知和而和,不以礼节之,亦不可行也。"

1.13 有子曰:"信近于义,言可复也;恭近于礼,远耻辱也;因不失其亲,亦可宗也。"

1.14 子曰:"君子食无求饱,居无求安,敏于事而慎于言,就有道而正焉,可谓好学也已。"

1.15 子贡曰:"贫而无谄,富而无骄,何如?"子曰:"可也。未若贫而乐,富而好礼者也。"子贡曰:"《诗》云:'如切如磋,如琢如磨',其斯之谓与?"子曰:"赐也,始可与言《诗》已矣,告诸往而知来者。"

1.16 子曰:"不患人之不己知,患不知人也。"

为政第二

2.1 子曰:"为政以德,譬如北辰,居其所而众星共之。"

2.2 子曰:"《诗》三百,一言以蔽之,曰:'思无邪。'"

2.3 子曰:"道之以政,齐之以刑,民免而无耻;道之以德,齐之以礼,有耻且格。"

2.4 子曰:"吾十有五而志于学,三十而立,四十而不惑,五十而知天命,六十而耳顺,七十而从心所欲,不逾矩。"

2.5 孟懿子问孝。子曰:"无违。"樊迟御,子告之曰:"孟孙问孝于我,我对曰,无违。"樊迟曰:"何谓也?"子曰:"生,事之以礼;死,葬之以礼,祭之以礼。"

2.6 孟武伯问孝。子曰:"父母唯其疾之忧。"

2.7 子游问孝。子曰:"今之孝者,是谓能养。至于犬马,皆能有养;不敬,何以别乎?"

2.8 子夏问孝。子曰:"色难。有事,弟子服其劳;有酒食,先生馔,曾是以为孝乎？"

2.9 子曰："吾与回言终日，不违，如愚。退而省其私，亦足以发，回也不愚。"

2.10 子曰："视其所以，观其所由，察其所安。人焉廋哉？人焉廋哉？"

2.11 子曰："温故而知新，可以为师矣。"

2.12 子曰："君子不器。"

2.13 子贡问君子。子曰："先行其言而后从之。"

2.14 子曰："君子周而不比，小人比而不周。"

2.15 子曰："学而不思则罔，思而不学则殆。"

2.16 子曰："攻乎异端，斯害也已！"

2.17 子曰："由！诲女知之乎？知之为知之，不知为不知，是知也。"

2.18 子张学干禄。子曰："多闻阙疑，慎言其余，则寡尤；多见阙殆，慎行其余，则寡悔。言寡尤，行寡悔，禄在其中矣。"

2.19 哀公问曰："何为则民服？"孔子对曰："举直错诸枉，则民服；举枉错诸直，则民不服。"

2.20 季康子问："使民敬、忠以劝，如之何？"子曰："临之以庄则敬，孝慈则忠，举善而教不能则劝。"

2.21 或谓孔子曰："子奚不为政？"子曰："《书》云：'孝乎惟孝，友于兄弟，施于有政。'是亦为政，奚其为为政？"

2.22 子曰："人而无信，不知其可也。大车无輗，小车无軏，其何以行之哉？"

2.23 子张问："十世可知也？"子曰："殷因于夏礼，所损益，可知也；周因于殷礼，所损益，可知也。其或继周者，虽百世，可知也。"

2.24 子曰："非其鬼而祭之，谄也。见义不为，无勇也。"

八佾第三

3.1 孔子谓季氏："八佾舞于庭，是可忍也，孰不可忍也？"

 孔子是个好老师

3.2 三家者以《雍》彻。子曰:"'相维辟公,天子穆穆',奚取于三家之堂?"

3.3 子曰:"人而不仁,如礼何?人而不仁,如乐何?"

3.4 林放问礼之本。子曰:"大哉问!礼,与其奢也,宁俭;丧,与其易也,宁戚。"

3.5 子曰:"夷狄之有君,不如诸夏之亡也。"

3.6 季氏旅于泰山。子谓冉有曰:"女弗能救与?"对曰:"不能。"子曰:"呜呼!曾谓泰山不如林放乎?"

3.7 子曰:"君子无所争,必也射乎!揖让而升,下而饮。其争也君子。"

3.8 子夏问曰:"'巧笑倩兮,美目盼兮,素以为绚兮。'何谓也?"子曰:"绘事后素。"曰:"礼后乎?"子曰:"起予者商也!始可与言《诗》已矣。"

3.9 子曰:"夏礼吾能言之,杞不足征也;殷礼吾能言之,宋不足征也。文献不足故也。足,则吾能征之矣。"

3.10 子曰:"自既灌而往者,吾不欲观之矣。"

3.11 或问禘之说。子曰:"不知也,知其说者之于天下也,其如示诸斯乎!"指其掌。

3.12 祭如在,祭神如神在。子曰:"吾不与祭,如不祭。"

3.13 王孙贾问曰:"与其媚于奥,宁媚于灶,何谓也?"子曰:"不然。获罪于天,无所祷也。"

3.14 子曰:"周监于二代,郁郁乎文哉!吾从周。"

3.15 子入太庙,每事问。或曰:"孰谓鄹人之子知礼乎?入太庙,每事问。"子闻之曰:"是礼也。"

3.16 子曰:"射不主皮,为力不同科,古之道也。"

3.17 子贡欲去告朔之饩羊。子曰:"赐也!尔爱其羊,我爱其礼。"

3.18 子曰:"事君尽礼,人以为谄也。"

3.19 定公问:"君使臣,臣事君,如之何?"孔子对曰:"君使臣以礼,

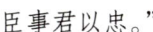

臣事君以忠。"

3.20 子曰："《关雎》，乐而不淫，哀而不伤。"

3.21 哀公问社于宰我。宰我对曰："夏后氏以松，殷人以柏，周人以栗，曰，使民战栗。"子闻之，曰："成事不说，遂事不谏，既往不咎。"

3.22 子曰："管仲之器小哉！"或曰："管仲俭乎？"曰："管氏有三归，官事不摄，焉得俭？""然则管仲知礼乎？"曰："邦君树塞门，管氏亦树塞门。邦君为两君之好，有反坫，管氏亦有反坫。管氏而知礼，孰不知礼？"

3.23 子语鲁大师乐，曰："乐其可知也：始作，翕如也；从之，纯如也，皦如也，绎如也，以成。"

3.24 仪封人请见。曰："君子之至于斯也，吾未尝不得见也。"从者见之。出曰："二三子何患于丧乎？天下之无道也久矣，天将以夫子为木铎。"

3.25 子谓《韶》："尽美矣，又尽善也。"谓《武》："尽美矣，未尽善也。"

3.26 子曰："居上不宽，为礼不敬，临丧不哀，吾何以观之哉？"

里仁第四

4.1 子曰："里仁为美。择不处仁，焉得知？"

4.2 子曰："不仁者不可以久处约，不可以长处乐。仁者安仁，知者利仁。"

4.3 子曰："唯仁者能好人，能恶人。"

4.4 子曰："苟志于仁矣，无恶也。"

4.5 子曰："富与贵，是人之所欲也。不以其道得之，不处也。贫与贱，是人之所恶也。不以其道得之，不去也。君子去仁，恶乎成名？君子无终食之间违仁，造次必于是，颠沛必于是。"

4.6 子曰："我未见好仁者，恶不仁者。好仁者，无以尚之；恶不仁者，其为仁矣，不使不仁者加乎其身。有能一日用其力于仁矣乎？我未见力不足者。盖有之矣，我未之见也。"

4.7 子曰："人之过也，各于其党。观过，斯知仁矣。"

4.8 子曰："朝闻道，夕死可矣。"

4.9 子曰："士志于道，而耻恶衣恶食者，未足与议也。"

4.10 子曰："君子之于天下也，无适也，无莫也，义之与比。"

4.11 子曰："君子怀德，小人怀土；君子怀刑，小人怀惠。"

4.12 子曰："放于利而行，多怨。"

4.13 子曰："能以礼让为国乎，何有？不能以礼让为国，如礼何？"

4.14 子曰："不患无位，患所以立。不患莫己知，求为可知也。"

4.15 子曰："参乎！吾道一以贯之。"曾子曰："唯。"子出，门人问曰："何谓也？"曾子曰："夫子之道，忠恕而已矣。"

4.16 子曰："君子喻于义，小人喻于利。"

4.17 子曰："见贤思齐焉，见不贤而内自省也。"

4.18 子曰："事父母几谏，见志不从，又敬不违，劳而不怨。"

4.19 子曰："父母在，不远游，游必有方。"

4.20 子曰："三年无改于父之道，可谓孝矣。"

4.21 子曰："父母之年，不可不知也。一则以喜，一则以惧。"

4.22 子曰："古者言之不出，耻躬之不逮也。"

4.23 子曰："以约失之者鲜矣。"

4.24 子曰："君子欲讷于言而敏于行。"

4.25 子曰："德不孤，必有邻。"

4.26 子游曰："事君数，斯辱矣；朋友数，斯疏矣。"

公冶长第五

5.1 子谓公冶长："可妻也。虽在缧绁之中，非其罪也。"以其子妻之。

5.2 子谓南容："邦有道，不废；邦无道，免于刑戮。"以其兄之子妻之。

5.3 子谓子贱："君子哉若人！鲁无君子者，斯焉取斯？"

5.4 子贡问曰："赐也何如？"子曰："女，器也。"曰："何器也？"曰："瑚琏也。"

附录 《论语》全文

5.5 或曰:"雍也仁而不佞。"子曰:"焉用佞?御人以口给,屡憎于人。不知其仁,焉用佞?"

5.6 子使漆雕开仕。对曰:"吾斯之未能信。"子说。

5.7 子曰:"道不行,乘桴浮于海。从我者,其由与?"子路闻之喜。子曰:"由也好勇过我,无所取材。"

5.8 孟武伯问:"子路仁乎?"子曰:"不知也。"又问。子曰:"由也,千乘之国,可使治其赋也,不知其仁也。""求也何如?"子曰:"求也,千室之邑,百乘之家,可使为之宰也,不知其仁也。""赤也何如?"子曰:"赤也,束带立于朝,可使与宾客言也,不知其仁也。"

5.9 子谓子贡曰:"女与回也孰愈?"对曰:"赐也何敢望回?回也闻一以知十,赐也闻一以知二。"子曰:"弗如也;吾与女弗如也。"

5.10 宰予昼寝。子曰:"朽木不可雕也,粪土之墙不可圬也;于予与何诛?"子曰:"始吾于人也,听其言而信其行;今吾于人也,听其言而观其行。于予与改是。"

5.11 子曰:"吾未见刚者。"或对曰:"申枨。"子曰:"枨也欲,焉得刚?"

5.12 子贡曰:"我不欲人之加诸我也,吾亦欲无加诸人。"子曰:"赐也,非尔所及也。"

5.13 子贡曰:"夫子之文章,可得而闻也;夫子之言性与天道,不可得而闻也。"

5.14 子路有闻,未之能行,唯恐有闻。

5.15 子贡问曰:"孔文子何以谓之'文'也?"子曰:"敏而好学,不耻下问,是以谓之'文'也。"

5.16 子谓子产:"有君子之道四焉:其行已也恭,其事上也敬,其养民也惠,其使民也义。"

5.17 子曰:"晏平仲善与人交,久而敬之。"

5.18 子曰:"臧文仲居蔡,山节藻棁,何如其知也?"

5.19 子张问曰:"令尹子文三仕为令尹,无喜色;三已之,无愠色。旧

令尹之政，必以告新令尹。何如？"子曰："忠矣。"曰："仁矣乎？"曰："未知。焉得仁？""崔子弑齐君，陈文子有马十乘，弃而违。至于他邦，则曰：'犹吾大夫崔子也。'违之。之一邦，则又曰：'犹吾大夫崔子也。'违之。何如？"子曰："清矣。"曰："仁矣乎？"曰："未知。焉得仁？"

5.20 季文子三思而后行。子闻之，曰："再，斯可矣。"

5.21 子曰："宁武子，邦有道，则知；邦无道，则愚。其知可及也，其愚不可及也。"

5.22 子在陈，曰："归与！归与！吾党之小子狂简，斐然成章，不知所以裁之。"

5.23 子曰："伯夷、叔齐不念旧恶，怨是用希。"

5.24 子曰："孰谓微生高直？或乞醯焉，乞诸其邻而与之。"

5.25 子曰："巧言、令色、足恭，左丘明耻之，丘亦耻之。匿怨而友其人，左丘明耻之，丘亦耻之。"

5.26 颜渊、季路侍。子曰："盍各言尔志？"子路曰："愿车马衣轻裘与朋友共，敝之而无憾。"颜渊曰："愿无伐善，无施劳。"子路曰："愿闻子之志。"子曰："老者安之，朋友信之，少者怀之。"

5.27 子曰："已矣乎！吾未见能见其过而内自讼者也。"

5.28 子曰："十室之邑，必有忠信如丘者焉，不如丘之好学也。"

雍也第六

6.1 子曰："雍也可使南面。"

6.2 仲弓问子桑伯子，子曰："可也，简。"仲弓曰："居敬而行简，以临其民，不亦可乎？居简而行简，无乃大简乎？"子曰："雍之言然。"

6.3 哀公问："弟子孰为好学？"孔子对曰："有颜回者好学，不迁怒，不贰过。不幸短命死矣。今也则亡，未闻好学者也。"

6.4 子华使于齐，冉子为其母请粟。子曰："与之釜。"请益。曰："与之庾。"冉子与之粟五秉。子曰："赤之适齐也，乘肥马，衣轻裘。吾闻之也：

君子周急不继富。"

6.5 原思为之宰,与之粟九百,辞。子曰:"毋!以与尔邻里乡党乎!"

6.6 子谓仲弓曰:"犁牛之子骍且角,虽欲勿用,山川其舍诸?"

6.7 子曰:"回也,其心三月不违仁,其余则日月至焉而已矣。"

6.8 季康子问:"仲由可使从政也与?"子曰:"由也果,于从政乎何有?"曰:"赐也可使从政也与?"曰:"赐也达,于从政乎何有?"曰:"求也可使从政也与?"曰:"求也艺,于从政乎何有?"

6.9 季氏使闵子骞为费宰。闵子骞曰:"善为我辞焉!如有复我者,则吾必在汶上矣。"

6.10 伯牛有疾,子问之,自牖执其手,曰:"亡之,命矣夫!斯人也而有斯疾也!斯人也而有斯疾也!"

6.11 子曰:"贤哉,回也!一箪食,一瓢饮,在陋巷,人不堪其忧,回也不改其乐。贤哉,回也!"

6.12 冉求曰:"非不说子之道,力不足也。"子曰:"力不足者,中道而废。今女画。"

6.13 子谓子夏曰:"女为君子儒,无为小人儒。"

6.14 子游为武城宰。子曰:"女得人焉耳乎?"曰:"有澹台灭明者,行不由径,非公事,未尝至于偃之室也。"

6.15 子曰:"孟之反不伐,奔而殿,将入门,策其马,曰:'非敢后也,马不进也。'"

6.16 子曰:"不有祝鲍之佞,而有宋朝之美,难乎免于今之世矣!"

6.17 子曰:"谁能出不由户?何莫由斯道也?"

6.18 子曰:"质胜文则野,文胜质则史。文质彬彬,然后君子。"

6.19 子曰:"人之生也直,罔之生也幸而免。"

6.20 子曰:"知之者不如好之者,好之者不如乐之者。"

6.21 子曰:"中人以上,可以语上也;中人以下,不可以语上也。"

6.22 樊迟问知。子曰:"务民之义,敬鬼神而远之,可谓知矣。"问仁。

曰:"仁者先难而后获,可谓仁矣。"

6.23 子曰:"知者乐水,仁者乐山。知者动,仁者静。知者乐,仁者寿。"

6.24 子曰:"齐一变,至于鲁;鲁一变,至于道。"

6.25 子曰:"觚不觚,觚哉!觚哉!"

6.26 宰我问曰:"仁者,虽告之曰:'井有仁焉。'其从之也?"子曰:"何为其然也?君子可逝也,不可陷也;可欺也,不可罔也。"

6.27 子曰:"君子博学于文,约之以礼,亦可以弗畔矣夫!"

6.28 子见南子,子路不说。夫子矢之曰:"予所否者,天厌之!天厌之!"

6.29 子曰:"中庸之为德也,其至矣乎!民鲜久矣。"

6.30 子贡曰:"如有博施于民而能济众,何如?可谓仁乎?"子曰:"何事于仁!必也圣乎?尧舜其犹病诸!夫仁者,已欲立而立人,已欲达而达人。能近取譬,可谓仁之方也已。"

述而第七

7.1 子曰:"述而不作,信而好古,窃比于我老彭。"

7.2 子曰:"默而识之,学而不厌,诲人不倦,何有于我哉?"

7.3 子曰:"德之不修,学之不讲,闻义不能徙,不善不能改,是吾忧也。"

7.4 子之燕居,申申如也,夭夭如也。

7.5 子曰:"甚矣吾衰也!久矣吾不复梦见周公。"

7.6 子曰:"志于道,据于德,依于仁,游于艺。"

7.7 子曰:"自行束脩以上,吾未尝无诲焉。"

7.8 子曰:"不愤不启,不悱不发。举一隅不以三隅反,则不复也。"

7.9 子食于有丧者之侧,未尝饱也。

7.10 子于是日哭,则不歌。

7.11 子谓颜渊曰:"用之则行,舍之则藏,惟我与尔有是夫!"子路曰:

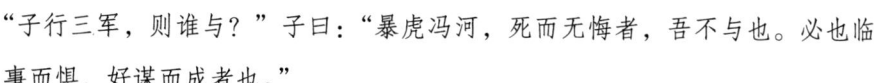

"子行三军,则谁与?"子曰:"暴虎冯河,死而无悔者,吾不与也。必也临事而惧,好谋而成者也。"

7.12 子曰:"富而可求也,虽执鞭之士,吾亦为之。如不可求,从吾所好。"

7.13 子之所慎:齐、战、疾。

7.14 子在齐闻《韶》,三月不知肉味。曰:"不图为乐之至于斯也。"

7.15 冉有曰:"夫子为卫君乎?"子贡曰:"诺。吾将问之。"入,曰:"伯夷、叔齐何人也?"曰:"古之贤人也。"曰:"怨乎?"曰:"求仁而得仁,又何怨?"出,曰:"夫子不为也。"

7.16 子曰:"饭疏食饮水,曲肱而枕之,乐亦在其中矣。不义而富且贵,于我如浮云。"

7.17 子曰:"加我数年,五十以学《易》,可以无大过矣。"

7.18 子所雅言,《诗》《书》执礼,皆雅言也。

7.19 叶公问孔子于子路,子路不对。子曰:"女奚不曰:其为人也,发愤忘食,乐以忘忧,不知老之将至云尔。"

7.20 子曰:"我非生而知之者,好古,敏以求之者也。"

7.21 子不语:怪、力、乱、神。

7.22 子曰:"三人行,必有我师焉;择其善者而从之,其不善者而改之。"

7.23 子曰:"天生德于予,桓魋其如予何?"

7.24 子曰:"二三子以我为隐乎?吾无隐乎尔。吾无行而不与二三子者,是丘也。"

7.25 子以四教:文、行、忠、信。

7.26 子曰:"圣人,吾不得而见之矣;得见君子者,斯可矣。"子曰:"善人,吾不得而见之矣;得见有恒者,斯可矣。亡而为有,虚而为盈,约而为泰,难乎有恒矣。"

7.27 子钓而不纲,弋不射宿。

7.28 子曰:"盖有不知而作之者,我无是也。多闻,择其善者而从之,

多见而识之，知之次也。"

7.29 互乡难与言，童子见，门人惑。子曰："与其进也，不与其退也，唯何甚？人洁己以进，与其洁也，不保其往也。"

7.30 子曰："仁远乎哉？我欲仁，斯仁至矣。"

7.31 陈司败问："昭公知礼乎？"孔子曰："知礼。"孔子退，揖巫马期而进之，曰："吾闻君子不党，君子亦党乎？君取于吴，为同姓，谓之吴孟子。君而知礼，孰不知礼？"巫马期以告。子曰："丘也幸，苟有过，人必知之。"

7.32 子与人歌而善，必使反之，而后和之。

7.33 子曰："文，莫吾犹人也。躬行君子，则吾未之有得。"

7.34 子曰："若圣与仁，则吾岂敢？抑为之不厌，诲人不倦，则可谓云尔已矣。"公西华曰："正唯弟子不能学也。"

7.35 子疾病，子路请祷。子曰："有诸？"子路对曰："有之。诔曰：'祷尔于上下神祇。'"子曰："丘之祷久矣。"

7.36 子曰："奢则不孙，俭则固。与其不孙也，宁固。"

7.37 子曰："君子坦荡荡，小人长戚戚。"

7.38 子温而厉，威而不猛，恭而安。

泰伯第八

8.1 子曰："泰伯，其可谓至德也已矣。三以天下让，民无得而称焉。"

8.2 子曰："恭而无礼则劳，慎而无礼则葸，勇而无礼则乱，直而无礼则绞。君子笃于亲，则民兴于仁；故旧不遗，则民不偷。"

8.3 曾子有疾，召门弟子曰："启予足！启予手！《诗》云：'战战兢兢，如临深渊，如履薄冰。'而今而后，吾知免夫！小子！"

8.4 曾子有疾，孟敬子问之。曾子言曰："鸟之将死，其鸣也哀；人之将死，其言也善。君子所贵乎道者三：动容貌，斯远暴慢矣；正颜色，斯近信矣；出辞气，斯远鄙倍矣。笾豆之事，则有司存。"

8.5 曾子曰："以能问于不能，以多问于寡；有若无，实若虚，犯而不校。

昔者吾友尝从事于斯矣。"

8.6 曾子曰:"可以托六尺之孤,可以寄百里之命,临大节而不可夺也。君子人与?君子人也。"

8.7 曾子曰"士不可以不弘毅,任重而道远。仁以为己任,不亦重乎?死而后已,不亦远乎?"

8.8 子曰:"兴于诗,立于礼,成于乐。"

8.9 子曰:"民可使,由之;不可使,知之。"

8.10 子曰:"好勇疾贫,乱也。人而不仁,疾之已甚,乱也。"

8.11 子曰:"如有周公之才之美,使骄且吝,其余不足观也已。"

8.12 子曰:"三年学,不至于谷,不易得也。"

8.13 子曰:"笃信好学,守死善道。危邦不入,乱邦不居。天下有道则见,无道则隐。邦有道,贫且贱焉,耻也。邦无道,富且贵焉,耻也。"

8.14 子曰:"不在其位,不谋其政。"

8.15 子曰:"师挚之始,《关雎》之乱,洋洋乎盈耳哉!"

8.16 子曰:"狂而不直,侗而不愿,悾悾而信,吾不知之矣。"

8.17 子曰:"学如不及,犹恐失之。"

8.18 子曰:"巍巍乎,舜、禹之有天下也,而不与焉!"

8.19 子曰:"大哉尧之为君也!巍巍乎!唯天为大,唯尧则之。荡荡乎!民无能名焉。巍巍乎其有成功也!焕乎其有文章!"

8.20 舜有臣五人而天下治。武王曰:"予有乱臣十人。"孔子曰:"才难,不其然乎?唐、虞之际,于斯为盛。有妇人焉,九人而已。三分天下有其二,以服事殷。周之德,其可谓至德也已矣。"

8.21 子曰:"禹,吾无间然矣。菲饮食而致孝乎鬼神,恶衣服而致美乎黻冕,卑宫室而尽力乎沟洫。禹,吾无间然矣。"

子罕第九

9.1 子罕言利与命与仁。

9.2 达巷党人曰:"大哉孔子!博学而无所成名。"子闻之,谓门弟子曰:"吾何执?执御乎?执射乎?吾执御矣。"

9.3 子曰:"麻冕,礼也;今也纯,俭,吾从众。拜下,礼也;今拜乎上,泰也。虽违众,吾从下。"

9.4 子绝四:毋意,毋必,毋固,毋我。

9.5 子畏于匡,曰:"文王既没,文不在兹乎?天之将丧斯文也,后死者不得与于斯文也;天之未丧斯文也,匡人其如予何?"

9.6 太宰问于子贡曰:"夫子圣者与?何其多能也?"子贡曰:"固天纵之将圣,又多能也。"子闻之,曰:"太宰知我乎!吾少也贱,故多能鄙事。君子多乎哉?不多也。"

9.7 牢曰:"子云:'吾不试,故艺。'"

9.8 子曰:"吾有知乎哉?无知也。有鄙夫问于我,空空如也。我叩其两端而竭焉。"

9.9 子曰:"凤鸟不至,河不出图,吾已矣夫!"

9.10 子见齐衰者、冕衣裳者与瞽者,见之,虽少,必作;过之,必趋。

9.11 颜渊喟然叹曰:"仰之弥高,钻之弥坚。瞻之在前,忽焉在后。夫子循循然善诱之,博我以文,约我以礼,欲罢不能。既竭吾才,如有所立卓尔。虽欲从之,末由也已。"

9.12 子疾病,子路使门人为臣。病间。曰:"久矣哉,由之行诈也!无臣而为有臣。吾谁欺?欺天乎?且予与其死于臣之手也,无宁死于二三子之手乎?且予纵不得大葬,予死于道路乎?"

9.13 子贡曰:"有美玉于斯,韫椟而藏诸?求善贾而沽诸?"子曰:"沽之哉!沽之哉!我待贾者也。"

9.14 子欲居九夷。或曰:"陋,如之何?"子曰:"君子居之,何陋之有?"

9.15 子曰:"吾自卫反鲁,然后乐正,《雅》《颂》各得其所。"

9.16 子曰:"出则事公卿,入则事父兄,丧事不敢不勉,不为酒困,何有于我哉？"

9.17 子在川上曰："逝者如斯夫！不舍昼夜。"

9.18 子曰："吾未见好德如好色者也。"

9.19 子曰："譬如为山，未成一篑，止，吾止也。譬如平地，虽覆一篑，进，吾往也。"

9.20 子曰："语之而不惰者，其回也与！"

9.21 子谓颜渊曰："惜乎！吾见其进也，未见其止也。"

9.22 子曰："苗而不秀者有矣夫！秀而不实者有矣夫！"

9.23 子曰："后生可畏，焉知来者之不如今也？四十、五十而无闻焉，斯亦不足畏也已。"

9.24 子曰："法语之言，能无从乎？改之为贵。巽与之言，能无说乎？绎之为贵。说而不绎，从而不改，吾未如之何也已矣。"

9.25 子曰："主忠信，毋友不如己者，过则勿惮改。"

9.26 子曰："三军可夺帅也，匹夫不可夺志也。"

9.27 子曰："衣敝缊袍，与衣狐貉者立，而不耻者，其由也与？'不忮不求，何用不臧？'"子路终身诵之。子曰："是道也，何足以臧？"

9.28 子曰："岁寒，然后知松柏之后凋也。"

9.29 子曰："知者不惑，仁者不忧，勇者不惧。"

9.30 子曰："可与共学，未可与适道；可与适道，未可与立；可与立，未可与权。"

9.31 "唐棣之华，偏其反而。岂不尔思？室是远而。"子曰："未之思也，夫何远之有？"

乡党第十

10.1 孔子于乡党，恂恂如也，似不能言者。其在宗庙朝廷，便便言，唯谨尔。

10.2 朝，与下大夫言，侃侃如也；与上大夫言，訚訚如也。君在，踧踖

如也，与与如也。"

10.3 君召使摈，色勃如也，足躩如也。揖所与立，左右手，衣前后，襜如也。趋进，翼如也。宾退，必复命曰："宾不顾矣。"

10.4 入公门，鞠躬如也，如不容。立不中门，行不履阈。过位，色勃如也，足躩如也，其言似不足者。摄齐升堂，鞠躬如也，屏气似不息者。出，降一等，逞颜色，怡怡如也。没阶，趋进，翼如也。复其位，踧踖如也。

10.5 执圭，鞠躬如也，如不胜。上如揖，下如授。勃如战色，足蹜蹜如有循。享礼，有容色。私觌，愉愉如也。

10.6 君子不以绀緅饰。红紫不以为亵服。当暑，袗絺绤，必表而出之。缁衣，羔裘；素衣，麑裘；黄衣，狐裘。亵裘长，短右袂。必有寝衣，长一身有半。狐貉之厚以居。去丧，无所不佩。非帷裳，必杀之。羔裘玄冠不以吊。吉月，必朝服而朝。

10.7 齐，必有明衣，布。齐必变食，居必迁坐。

10.8 食不厌精，脍不厌细。食饐而餲，鱼馁而肉败，不食。色恶，不食。臭恶，不食。失饪，不食。不时，不食。割不正，不食。不得其酱，不食。肉虽多，不使胜食气。惟酒无量，不及乱。沽酒市脯不食。不撤姜食，不多食。

10.9 祭于公，不宿肉。祭肉不出三日。出三日，不食之矣。

10.10 食不语，寝不言。

10.11 虽疏食菜羹，必祭，必齐如也。

10.12 席不正，不坐。

10.13 乡人饮酒，杖者出，斯出矣。

10.14 乡人傩，朝服而立于阼阶。

10.15 问人于他邦，再拜而送之。

10.16 康子馈药，拜而受之。曰："丘未达，不敢尝。"

10.17 厩焚。子退朝，曰："伤人乎？"不问马。

10.18 君赐食，必正席先尝之。君赐腥，必熟而荐之。君赐生，必畜之。

附录 《论语》全文

侍食于君，君祭，先饭。

10.19 疾，君视之，东首，加朝服，拖绅。

10.20 君命召，不俟驾行矣。

10.21 入太庙，每事问。

10.22 朋友死，无所归，曰："于我殡。"

10.23 朋友之馈，虽车马，非祭肉，不拜。

10.24 寝不尸，居不客。

10.25 见齐衰者，虽狎，必变。见冕者与瞽者，虽亵，必以貌。凶服者式之，式负版者。有盛馔，必变色而作。迅雷风烈，必变。

10.26 升车，必正立，执绥。车中，不内顾，不疾言，不亲指。

10.27 色斯举矣，翔而后集。曰："山梁雌雉，时哉时哉！"子路共之，三嗅而作。

先进第十一

11.1 子曰："先进于礼乐，野人也；后进于礼乐，君子也。如用之，则吾从先进。"

11.2 子曰："从我于陈、蔡者，皆不及门也。"

11.3 德行：颜渊、闵子骞、冉伯牛、仲弓。言语：宰我、子贡。政事：冉有、季路。文学：子游、子夏。

11.4 子曰："回也非助我者也，于吾言无所不说。"

11.5 子曰："孝哉，闵子骞！人不间于其父母昆弟之言。"

11.6 南容三复白圭，孔子以其兄之子妻之。

11.7 季康子问："弟子孰为好学？"孔子对曰："有颜回者好学，不幸短命死矣！今也则亡。"

11.8 颜渊死，颜路请子之车以为之椁。子曰："才不才，亦各言其子也。鲤也死，有棺而无椁。吾不徒行以为之椁。以吾从大夫之后，不可徒行也。"

11.9 颜渊死。子曰："噫！天丧予！天丧予！"

11.10 颜渊死,子哭之恸。从者曰:"子恸矣!"曰:"有恸乎?非夫人之为恸而谁为?"

11.11 颜渊死,门人欲厚葬之。子曰:"不可。"门人厚葬之。子曰:"回也视予犹父也,予不得视犹子也。非我也,夫二三子也。"

11.12 季路问事鬼神。子曰:"未能事人,焉能事鬼?"曰:"敢问死。"曰:"未知生,焉知死?"

11.13 闵子侍侧,訚訚如也;子路,行行如也;冉有、子贡,侃侃如也。子乐。"若由也,不得其死然。"

11.14 鲁人为长府。闵子骞曰:"仍旧贯,如之何?何必改作?"子曰:"夫人不言,言必有中。"

11.15 子曰:"由之瑟奚为于丘之门?"门人不敬子路。子曰:"由也升堂矣,未入于室也。"

11.16 子贡问:"师与商也孰贤?"子曰:"师也过,商也不及。"曰:"然则师愈与?"子曰:"过犹不及。"

11.17 季氏富于周公,而求也为之聚敛而附益之。子曰:"非吾徒也。小子鸣鼓而攻之,可也。"

11.18 柴也愚,参也鲁,师也辟,由也喭。

11.19 子曰:"回也其庶乎?屡空。赐不受命,而货殖焉,亿则屡中。"

11.20 子张问善人之道。子曰:"不践迹,亦不入于室。"

11.21 子曰:"论笃是与,君子者乎?色庄者乎?"

11.22 子路问:"闻斯行诸?"子曰:"有父兄在,如之何其闻斯行之?"冉有问:"闻斯行诸?"子曰:"闻斯行之。"公西华曰:"由也问'闻斯行诸',子曰:'有父兄在',求也问'闻斯行诸',子曰:'闻斯行之'。赤也惑,敢问。"子曰:"求也退,故进之;由也兼人,故退之。"

11.23 子畏于匡,颜渊后。子曰:"吾以女为死矣。"曰:"子在,回何敢死?"

11.24 季子然问:"仲由、冉求可谓大臣与?"子曰:"吾以子为异之问,曾由与求之问。所谓大臣者,以道事君,不可则止。今由与求也,可谓具臣矣。"曰:"然则从之者与?"子曰:"弑父与君,亦不从也。"

11.25 子路使子羔为费宰。子曰:"贼夫人之子。"子路曰:"有民人焉,有社稷焉,何必读书,然后为学?"子曰:"是故恶夫佞者。"

11.26 子路、曾皙、冉有、公西华侍坐。

子曰:"以吾一日长乎尔,毋吾以也。居则曰:'不吾知也!'如或知尔,则何以哉?"

子路率尔而对曰:"千乘之国,摄乎大国之间,加之以师旅,因之以饥馑;由也为之,比及三年,可使有勇,且知方也。"夫子哂之。

"求!尔何如?"对曰:"方六七十,如五六十,求也为之,比及三年,可使足民。如其礼乐,以俟君子。"

"赤!尔何如?"对曰:"非曰能之,愿学焉。宗庙之事,如会同,端章甫,愿为小相焉。"

"点!尔何如?"鼓瑟希,铿尔,舍瑟而作,对曰:"异乎三子者之撰。"子曰:"何伤乎?亦各言其志也。"曰:"莫春者,春服既成,冠者五六人,童子六七人,浴乎沂,风乎舞雩,咏而归。"

夫子喟然叹曰:"吾与点也!"

三子者出,曾皙后。曾皙曰:"夫三子者之言何如?"子曰:"亦各言其志也已矣。"曰:"夫子何哂由也?"曰:"为国以礼,其言不让,是故哂之。""唯求则非邦也与?""安见方六七十如五六十而非邦也者?""唯赤则非邦也与?""宗庙会同,非诸侯而何?赤也为之小,孰能为之大?"

颜渊第十二

12.1 颜渊问仁。子曰:"克己复礼为仁。一日克己复礼,天下归仁焉。为仁由己,而由人乎哉?"颜渊曰:"请问其目。"子曰:"非礼勿视,非礼勿听,非礼勿言,非礼勿动。"颜渊曰:"回虽不敏,请事斯语矣。"

12.2 仲弓问仁。子曰:"出门如见大宾,使民如承大祭。己所不欲,勿

施于人。在邦无怨,在家无怨。"仲弓曰:"雍虽不敏,请事斯语矣。"

12.3 司马牛问仁。子曰:"仁者,其言也讱。"曰:"其言也讱,斯谓之仁已乎?"子曰:"为之难,言之得无讱乎?"

12.4 司马牛问君子。子问:"君子不忧不惧。"曰:"不忧不惧,斯谓之君子已乎?"子曰:"内省不疚,夫何忧何惧?"

12.5 司马牛忧曰:"人皆有兄弟,我独亡。"子夏曰:"商闻之矣:死生有命,富贵在天。君子敬而无失,与人恭而有礼,四海之内皆兄弟也。君子何患乎无兄弟也?"

12.6 子张问明。子曰:"浸润之谮,肤受之愬,不行焉,可胃明也已矣。浸润之谮,肤受之愬,不行焉,可谓远也已矣。"

12.7 子贡问政。子曰:"足食,足兵,民信之矣。"子贡曰:"必不得已而去,于斯三者何先?"曰:"去兵。"子贡曰:"必不得已而去,于斯二者何先?"曰:"去食。自古皆有死,民无信不立。"

12.8 棘子成曰:"君子质而已矣,何以文为?"子贡曰:"惜乎,夫子之说君子也!驷不及舌。文犹质也,质犹文也。虎豹之鞟犹犬羊之鞟。"

12.9 哀公问于有若曰:"年饥,用不足,如之何?"有若对曰:"盍彻乎?"曰:"二,吾犹不足,如之何其彻也?"对曰:"百姓足,君孰与不足?百姓不足,君孰与足?"

12.10 子张问崇德辨惑。子曰:"主忠信,徙义,崇德也。爱之欲其生,恶之欲其死。既欲其生,又欲其死,是惑也。'诚不以富,亦祗以异'。"

12.11 齐景公问政于孔子。孔子对曰:"君君,臣臣,父父,子子。"公曰:"善哉!信如君不君,臣不臣,父不父,子不子,虽有粟,吾得而食诸?"

12.12 子曰:"片言可以折狱者,其由也与?"子路无宿诺。

12.13 子曰:"听讼,吾犹人也。必也使无讼乎?"

12.14 子张问政。子曰:"居之无倦,行之以忠。"

12.15 子曰:"博学于文,约之以礼,亦可以弗畔矣夫!"

12.16 子曰:"君子成人之美,不成人之恶。小人反是。"

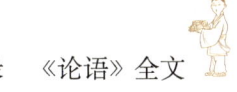

12.17 季康子问政于孔子。孔子对曰:"政者,正也。子帅以正,孰敢不正?"

12.18 季康子患盗,问于孔子。孔子对曰:"苟子之不欲,虽赏之不窃。"

12.19 季康子问政于孔子曰:"如杀无道,以就有道,何如?"孔子对曰:"子为政,焉用杀?子欲善而民善矣。君子之德风,小人之德草。草上之风必偃。"

12.20 子张问:"士何如斯可谓之达矣?"子曰:"何哉,尔所谓达者?"子张对曰:"在邦必闻,在家必闻。"子曰:"是闻也,非达也。夫达也者,质直而好义,察言而观色,虑以下人。在邦必达,在家必达。夫闻也者,色取仁而行违,居之不疑。在邦必闻,在家必闻。"

12.21 樊迟从游于舞雩之下,曰:"敢问崇德,修慝,辨惑。"子曰:"善哉问!先事后得,非崇德与?攻其恶,无攻人之恶,非修慝与?一朝之忿,忘其身,以及其亲,非惑与?"

12.22 樊迟问仁。子曰:"爱人。"问知。子曰:"知人。"樊迟未达。子曰:"举直错诸枉,能使枉者直。"樊迟退,见子夏曰:"乡也吾见于夫子而问知,子曰:'举直错诸枉,能使枉者直',何谓也?"子夏曰:"富哉言乎!舜有天下,选于众,举皋陶,不仁者远矣。汤有天下,选于众,举伊尹,不仁者远矣。"

12.23 子贡问友。子曰:"忠告而善道之,不可则止,毋自辱焉。"

12.24 曾子曰:"君子以文会友,以友辅仁。"

子路第十三

13.1 子路问政。子曰:"先之劳之。"请益。曰:"无倦。"

13.2 仲弓为季氏宰,问政。子曰:"先有司,赦小过,举贤才。"曰:"焉知贤才而举之?"子曰:"举尔所知;尔所不知,人其舍诸?"

13.3 子路曰:"卫君待子而为政,子将奚先?"子曰:"必也正名乎?"子路曰:"有是哉,子之迂也!奚其正?"子曰:"野哉,由也!君子于其所

不知,盖阙如也。名不正,则言不顺;言不顺,则事不成;事不成,则礼乐不兴;礼乐不兴,则刑罚不中;刑罚不中,则民无所措手足。故君子名之必可言也,言之必可行也。君子于其言,无所苟而已矣。"

13.4 樊迟请学稼。子曰:"吾不如老农。"请学为圃。曰:"吾不如老圃。"樊迟出,子曰:"小人哉,樊须也!上好礼,则民莫敢不敬;上好义,则民莫敢不服;上好信,则民莫敢不用情。夫如是,则四方之民襁负其子而至矣,焉用稼?"

13.5 子曰:"诵《诗》三百,授之以政,不达;使于四方,不能专对;虽多,亦奚以为?"

13.6 子曰:"其身正,不令而行;其身不正,虽令不从。"

13.7 子曰:"鲁卫之政,兄弟也。"

13.8 子谓卫公子荆:"善居室。始有,曰:'苟合矣。'少有,曰:'苟完矣。'富有,曰:'苟美矣。'"

13.9 子适卫,冉有仆。子曰:"庶矣哉!冉有曰:"既庶矣,又何加焉?"曰:"富之。"曰:"既富矣,又何加焉?"曰:"教之。"

13.10 子曰:"苟有用我者,期月而已可也,三年有成。"

13.11 子曰:"'善人为邦百年,亦可以胜残去杀矣。'诚哉是言也!"

13.12 子曰:"如有王者,必世而后仁。"

13.13 子曰:"苟正其身矣,于从政乎何有?不能正其身,如正人何?"

13.14 冉子退朝。子曰:"何晏也?"对曰:"有政。"子曰:"其事也。如有政,虽不吾以,吾其与闻之。"

13.15 定公问:"一言而可以兴邦,有诸?"孔子对曰:"言不可以若是其几也。人之言曰:'为君难,为臣不易。'如知为君之难也,不几乎一言而兴邦乎?"曰:"一言而丧邦,有诸?"孔子对曰:"言不可以若是其几也。人之言曰:'予无乐乎为君,唯其言而莫予违也。'如其善而莫之违也,不亦善乎?如不善而莫之违也,不几乎一言而丧邦乎?"

13.16 叶公问政。子曰:"近者说,远者来。"

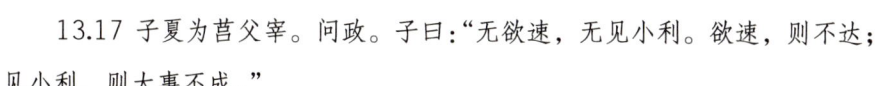

13.17 子夏为莒父宰。问政。子曰:"无欲速,无见小利。欲速,则不达;见小利,则大事不成。"

13.18 叶公语孔子曰:"吾党有直躬者,其父攘羊,而子证之。"孔子曰:"吾党之直者异于是:父为子隐,子为父隐,直在其中矣。"

13.19 樊迟问仁。子曰:"居处恭,执事敬,与人忠。虽之夷狄,不可弃也。"

13.20 子贡问曰:"何如斯可谓之士矣?"子曰:"行己有耻,使于四方,不辱君命,可谓士矣。"曰:"敢问其次。"曰:"宗族称孝焉,乡党称弟焉。"曰:"敢问其次。"曰:"言必信,行必果,硁硁然小人哉!抑亦可以为次矣。"曰:"今之从政者何如?"子曰:"噫!斗筲之人,何足算也?"

13.21 子曰:"不得中行而与之,必也狂狷乎?狂者进取,狷者有所不为也。"

13.22 子曰:"南人有言曰:'人而无恒,不可以作巫医。'善夫。""不恒其德,或承之羞。"子曰:"不占而已矣。"

13.23 子曰:"君子和而不同,小人同而不和。"

13.24 子贡问曰:"乡人皆好之,何如?"子曰:"未可也。""乡人皆恶之,何如?"子曰:"未可也。不如乡人之善者好之,其不善者恶之。"

13.25 子曰:"君子易事而难说也。说之不以道,不说也;及其使人也,器之。小人难事而易说也。说之虽不以道,说也;及其使人也,求备焉。"

13.26 子曰:"君子泰而不骄,小人骄而不泰。"

13.27 子曰:"刚、毅、木、讷近仁。"

13.28 子路问曰:"何如斯可谓之士矣?"子曰:"切切偲偲,怡怡如也,可谓士矣。朋友切切偲偲,兄弟怡怡。"

13.29 子曰:"善人教民七年,亦可以即戎矣。"

13.30 子曰:"以不教民战,是谓弃之。"

宪问第十四

14.1 宪问耻。子曰:"邦有道,谷;邦无道,谷,耻也。""克、伐、怨、欲不行焉,可以为仁矣?"子曰:"可以为难矣,仁则吾不知也。"

14.2 子曰:"士而怀居,不足以为士矣。"

14.3 子曰:"邦有道,危言危行;邦无道,危行言孙。"

14.4 子曰:"有德者必有言,有言者不必有德。仁者必有勇,勇者不必有仁。"

14.5 南宫适问于孔子曰:"羿善射,奡荡舟,俱不得其死然。禹、稷躬稼而有天下。"夫子不答。南宫适出,子曰:"君子哉若人!尚德哉若人!"

14.6 子曰:"君子而不仁者有矣夫,未有小人而仁者也。"

14.7 子曰:"爱之,能勿劳乎?忠焉,能勿诲乎?"

14.8 子曰:"为命,裨谌草创之,世叔讨论之,行人子羽修饰之,东里子产润色之。"

14.9 或问子产。子曰:"惠人也。"问子西。曰:"彼哉!彼哉!"问管仲。曰:"人也。夺伯氏骈邑三百,饭疏食,没齿无怨言。"

14.10 子曰:"贫而无怨难,富而无骄易。"

14.11 子曰:"孟公绰为赵、魏老则优,不可以为滕、薛大夫。"

14.12 子路问成人。子曰:"若臧武仲之知,公绰之不欲,卞庄子之勇,冉求之艺,文之以礼乐,亦可以为成人矣。"曰:"今之成人者何必然?见利思义,见危授命,久要不忘平生之言,亦可以为成人矣。"

14.13 子问公叔文子于公明贾曰:"信乎,夫子不言,不笑,不取乎?"公明贾对曰:"以告者过也,夫子时然后言,人不厌其言;乐然后笑,人不厌其笑;义然后取,人不厌其取。"子曰:"其然?岂其然乎?"

14.14 子曰:"臧武仲以防求为后于鲁,虽曰不要君,吾不信也。"

14.15 子曰:"晋文公谲而不正,齐桓公正而不谲。"

14.16 子路曰:"桓公杀公子纠,召忽死之,管仲不死。"曰:"未仁乎?"

子曰:"桓公九合诸侯,不以兵车,管仲之力也。如其仁,如其仁。"

14.17 子贡曰:"管仲非仁者与?桓公杀公子纠,不能死,又相之。"子曰:"管仲相桓公,霸诸侯,一匡天下,民到于今受其赐。微管仲,吾其被发左衽矣。岂若匹夫匹妇之为谅也,自经于沟渎而莫之知也?"

14.18 公叔文子之臣大夫僎与文子同升诸公。子闻之曰:"可以为'文'矣。"

14.19 子言卫灵公之无道也,康子曰:"夫如是,奚而不丧?"孔子曰:"仲叔圉治宾客,祝鮀治宗庙,王孙贾治军旅。夫如是,奚其丧?"

14.20 子曰:"其言之不怍,则为之也难。"

14.21 陈成子弑简公。孔子沐浴而朝,告于哀公曰:"陈恒弑其君,请讨之。"公曰:"告夫三子!"孔子曰:"以吾从大夫之后,不敢不告也。君曰'告夫三子'者!"之三子告,不可。孔子曰:"以吾从大夫之后,不敢不告也。"

14.22 子路问事君。子曰:"勿欺也,而犯之。"

14.23 子曰:"君子上达,小人下达。"

14.24 子曰:"古之学者为己,今之学者为人。"

14.25 蘧伯玉使人于孔子。孔子与之坐而问焉,曰:"夫子何为?"对曰:"夫子欲寡其过而未能也。"使者出。子曰:"使乎!使乎!"

14.26 子曰:"不在其位,不谋其政。"曾子曰:"君子思不出其位。"

14.27 子曰:"君子耻其言之过其行。

14.28 子曰:"君子道者三,我无能焉:仁者不忧,知者不惑,勇者不惧。"子贡曰:"夫子自道也。"

14.29 子贡方人。子曰:"赐也,贤乎哉?夫我则不暇。"

14.30 子曰:"不患人之不己知,患其不能也。"

14.31 子曰:"不逆诈,不亿不信,抑亦先觉者,是贤乎!"

14.32 微生亩谓孔子曰:"丘何为是栖栖者与?无乃为佞乎?"孔子曰:"非敢为佞也,疾固也。"

14.33 子曰:"骥不称其力,称其德也。"

孔子是个好老师

14.34 或曰:"以德报怨,何如?"子曰:"何以报德?以直报怨,以德报德。"

14.35 子曰:"莫我知也夫!"子贡曰:"何为其莫知子也?"子曰:"不怨天,不尤人;下学而上达。知我者其天乎!"

14.36 公伯寮愬子路于季孙。子服景伯以告,曰:"夫子固有惑志于公伯寮,吾力犹能肆诸市朝。"子曰:"道之将行也与,命也。道之将废也与,命也。公伯寮其如命何!"

14.37 子曰:"贤者辟世,其次辟地,其次辟色,其次辟言。"子曰:"作者七人矣。"

14.38 子路宿于石门。晨门曰:"奚自?"子路曰:"自孔氏。"曰:"是知其不可而为之者与?"

14.39 子击磬于卫,有荷蒉而过孔氏之门者,曰:"有心哉,击磬乎!"既而曰:"鄙哉!硁硁乎!莫己知也,斯己而已矣,深则厉,浅则揭。"子曰:"果哉!未之难矣。"

14.40 子张曰:"《书》云:'高宗谅阴,三年不言。'何谓也?"子曰:"何必高宗,古之人皆然。君薨,百官总己以听于冢宰三年。"

14.41 子曰:"上好礼,则民易使也。"

14.42 子路问君子。子曰:"修己以敬。"曰:"如斯而已乎?"曰:"修己以安人。"曰:"如斯而已乎?"曰:"修己以安百姓。修己以安百姓,尧舜其犹病诸?"

14.43 原壤夷俟。子曰:"幼而不孙弟,长而无述焉,老而不死,是为贼。"以杖叩其胫。

14.44 阙党童子将命,或问之曰:"益者与?"子曰:"吾见其居于位也,见其与先生并行也。非求益者也,欲速成者也。"

卫灵公第十五

15.1 卫灵公问阵于孔子。孔子对曰:"俎豆之事,则尝闻之矣;军旅之事，未之学也。"明日遂行。

15.2 在阵绝粮，从者病，莫能兴。子路愠见曰："君子亦有穷乎？"子曰："君子固穷，小人穷斯滥矣。"

15.3 子曰："赐也，女以予为多学而识之者与？"对曰："然。非与？"曰："非也，予一以贯之。"

15.4 子曰："由！知德者鲜矣。"

15.5 子曰："无为而治者其舜也与？夫何为哉？恭己正南面而已矣。"

15.6 子张问行。子曰："言忠信，行笃敬，虽蛮貊之邦，行矣。言不忠信，行不笃敬，虽州里，行乎哉？立则见其参于前也，在舆则见其倚于衡也，夫然后行。"子张书诸绅。

15.7 子曰："直哉史鱼！邦有道，如矢；邦无道，如矢。君子哉蘧伯玉！邦有道，则仕；邦无道，则可卷而怀之。"

15.8 子曰："可与言而不与之言，失人；不可与言而与之言，失言。知者不失人，亦不失言。"

15.9 子曰："志士仁人，无求生以害仁，有杀身以成仁。"

15.10 子贡问为仁，子曰："工欲善其事，必先利其器。居是邦也，事其大夫之贤者，友其士之仁者。"

15.11 颜渊问为邦。子曰："行夏之时，乘殷之辂，服周之冕，乐则《韶》《舞》放郑声，远佞人。郑声淫，佞人殆。"

15.12 子曰："人无远虑，必有近忧。"

15.13 子曰："已矣乎！吾未见好德如好色者也。"

15.14 子曰："臧文仲其窃位者与！知柳下惠之贤而不与立也。"

15.15 子曰："躬自厚而薄责于人，则远怨矣。"

15.16 子曰："不曰'如之何，如之何'者，吾未如之何也已矣。"

15.17 子曰："群居终日，言不及义，好行小慧，难矣哉！"

15.18 子曰："君子义以为质，礼以行之，孙以出之，信以成之。君子哉！"

15.19 子曰："君子病无能焉，不病人之不己知也。"

15.20 子曰："君子疾没世而名不称焉。"

15.21 子曰："君子求诸己，小人求诸人。"

15.22 子曰："君子矜而不争，群而不党。"

15.23 子曰："君子不以言举人，不以人废言。"

15.24 子贡问曰："有一言而可以终身行之者乎？"子曰："其'恕'乎！己所不欲，勿施于人。"

15.25 子曰："吾之于人也，谁毁谁誉？如有所誉者，其有所试矣。斯民也，三代之所以直道而行也。"

15.26 子曰："吾犹及史之阙文也。有马者借人乘之，今亡矣夫！"

15.27 子曰："巧言乱德。小不忍，则乱大谋。"

15.28 子曰："众恶之，必察焉；众好之，必察焉。"

15.29 子曰："人能弘道，非道弘人。"

15.30 子曰："过而不改，是谓过矣。"

15.31 子曰："吾尝终日不食，终夜不寝，以思，无益，不如学也。"

15.32 子曰："君子谋道不谋食。耕也，馁在其中矣；学也，禄在其中矣。君子忧道不忧贫。"

15.33 子曰："知及之，仁不能守之，虽得之，必失之。知及之，仁能守之，不庄以 之，动之不以礼，未善也。"

15.34 子曰："君子不可小知而可大受也，小人不可大受而可小知也。"

15.35 子曰："民之于仁也，甚于水火。水火，吾见蹈而死者矣，未见蹈仁而死者也。"

15.36 子曰："当仁，不让于师。"

15.37 子曰："君子贞而不谅。"

15.38 子曰："事君，敬其事而后其食。"

15.39 子曰："有教无类。"

15.40 子曰："道不同不相为谋。"

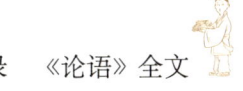

15.41 子曰："辞达而已矣。"

15.42 师冕见，及阶，子曰："阶也。"及席，子曰："席也。"皆坐，子告之曰："某在斯，某在斯。"师冕出。子张问曰："与师言之道与？"子曰："然。固相师之道也。"

季氏第十六

16.1 季氏将伐颛臾。冉有、季路见于孔子曰："季氏将有事于颛臾。"

孔子曰："求！无乃尔是过与？夫颛臾，昔者先王以为东蒙主，且在邦域之中矣，是社稷之臣也。何以伐为？"

冉有曰："夫子欲之，吾二臣者皆不欲也。"

孔子曰："求！周任有言曰：'陈力就列，不能者止。'危而不持，颠而不扶，则将焉用彼相矣？且尔言过矣。虎兕出于柙，龟玉毁于椟中，是谁之过与？"

冉有曰："今夫颛臾，固而近于费。今不取，后世必为子孙忧。"

孔子曰："求！君子疾夫舍曰'欲之'而必为之辞。丘也闻有国有家者，不患寡而患不均，不患贫而患不安。盖均无贫，和无寡，安无倾。夫如是，故远人不服，则修文德以来之。既来之，则安之。今由与求也，相夫子，远人不服而不能来也，邦分崩离析而不能守也，而谋动干戈于邦内。吾恐季孙之忧，不在颛臾，而在萧墙之内也。"

16.2 孔子曰："天下有道，则礼乐征伐自天子出；天下无道，则礼乐征伐自诸侯出。自诸侯出，盖十世希不失矣；自大夫出，五世希不失矣；陪臣执国命，三世希不失矣。天下有道，则政不在大夫。天下有道，则庶人不议。"

16.3 孔子曰："禄之去公室五世矣，政逮于大夫四世矣，故夫三桓之子孙微矣。"

16.4 孔子曰："益者三友，损者三友。友直，友谅，友多闻，益矣。友便辟，友善柔，友便佞，损矣。"

16.5 孔子曰："益者三乐，损者三乐。乐节礼乐，乐道人之善，乐多贤友，益矣。乐骄乐，乐佚游，乐宴乐，损矣。"

16.6 孔子曰："侍于君子有三愆：言未及之而言，谓之躁；言及之而不言，谓之隐；未见颜色而言，谓之瞽。"

16.7 孔子曰："君子有三戒：少之时，血气未定，戒之在色；及其壮也，血气方刚，戒之在斗；及其老也，血气既衰，戒之在得。"

16.8 孔子曰："君子有三畏：畏天命，畏大人，畏圣人之言。小人不知天命而不畏也，狎大人，侮圣人之言。"

16.9 孔子曰："生而知之者上也，学而知之者次也；困而学之，又其次也；困而不学，民斯为下矣。"

16.10 孔子曰："君子有九思：视思聪，色思温，貌思恭，言思忠，事思敬，疑思问，忿思难，见得思义。"

16.11 孔子曰："见善如不及，见不善如探汤。吾见其人矣，吾闻其语矣。隐居以求其志，行义以达其道。吾闻其语矣，未见其人也。"

16.12 齐景公有马千驷，死之日，民无德而称焉。伯夷、叔齐饿于首阳之下，民到于今称之。其斯之谓与？

16.13 陈亢问于伯鱼曰："子亦有异闻乎？"对曰："未也。尝独立，鲤趋而过庭。曰：'学《诗》乎？'对曰：'未也。''不学《诗》，无以言。'鲤退而学《诗》。他日，又独立，鲤趋而过庭。曰：'学礼乎？'对曰：'未也。''不学礼，无以立。'鲤退而学礼。闻斯二者。"陈亢退而喜曰："问一得三：闻《诗》，闻礼，又闻君子之远其子也。"

16.14 邦君之妻，君称之曰"夫人"，夫人自称曰"小童"；邦人称之曰"君夫人"，称诸异邦曰"寡小君"；异邦人称之，亦曰"君夫人"。

阳货第十七

17.1 阳货欲见孔子，孔子不见，归孔子豚。孔子时其亡也，而往拜之。遇诸涂。谓孔子曰："来！予与尔言。"曰："怀其宝而迷其邦，可谓仁乎？"

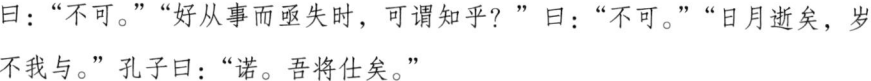

曰:"不可。""好从事而亟失时,可谓知乎?"曰:"不可。""日月逝矣,岁不我与。"孔子曰:"诺。吾将仕矣。"

17.2 子曰:"性相近也,习相远也。"

17.3 子曰:"唯上知与下愚不移。"

17.4 子之武城,闻弦歌之声。夫子莞尔而笑,曰:"割鸡焉用牛刀?"子游对曰:"昔者偃也闻诸夫子曰:'君子学道则爱人,小人学道则易使也。'"子曰:"二三子!偃之言是也。前言戏之耳。"

17.5 公山弗扰以费畔,召,子欲往。子路不说,曰:"末之也,已,何必公山氏之之也?"子曰:"夫召我者,而岂徒哉?如有用我者,吾其为东周乎?"

17.6 子张问仁于孔子。孔子曰:"能行五者于天下,为仁矣。""请问之。"曰:"恭宽信敏惠。恭则不侮,宽则得众,信则人任焉,敏则有功,惠则足以使人。"

17.7 佛肸召,子欲往。子路曰:"昔者由也闻诸夫子曰:'亲于其身为不善者,君子不入也。'佛肸以中牟畔,子之往也,如之何?"子曰:"然。有是言也。不曰坚乎,磨而不磷;不曰白乎,涅而不缁。吾岂匏瓜也哉?焉能系而不食?"

17.8 子曰:"由也!女闻六言六蔽矣乎?"对曰:"未也。""居!吾语女。好仁不好学,其蔽也愚;好知不好学,其蔽也荡;好信不好学,其蔽也贼;好直不好学,其蔽也绞;好勇不好学,其蔽也乱;好刚不好学,其蔽也狂。"

17.9 子曰:"小子何莫学夫《诗》?诗,可以兴,可以观,可以群,可以怨。迩之事父,远之事君;多识于鸟兽草木之名。"

17.10 子谓伯鱼曰:"女为《周南》《召南》矣乎?人而不为《周南》《召南》,其犹正墙面而立也与?"

17.11 子曰:"礼云礼云,玉帛云乎哉?乐云乐云,钟鼓云乎哉?"

17.12 子曰:"色厉而内荏,譬诸小人,其犹穿窬之盗也与?"

17.13 子曰:"乡原,德之贼也。"

17.14 子曰:"道听而途说,德之弃也。"

17.15 子曰:"鄙夫可与事君也与哉?其未得之也,患得之,既得之,患失之,苟患失之,无所不至矣。"

17.16 子曰:"古者民有三疾,今也或是之亡也。古之狂也肆,今之狂也荡;古之矜也廉,今之矜也忿戾;古之愚也直,今之愚也诈而已矣。"

17.17 子曰:"巧言令色,鲜矣仁。"

17.18 子曰:"恶紫之夺朱也,恶郑声之乱雅乐也,恶利口之覆邦家者。"

17.19 子曰:"予欲无言。"子贡曰:"子如不言,则小子何述焉?"子曰:"天何言哉?四时行焉,百物生焉。天何言哉?"

17.20 孺悲欲见孔子,孔子辞以疾。将命者出户,取瑟而歌,使之闻之。

17.21 宰我问:"三年之丧,期已久矣。君子三年不为礼,礼必坏;三年不为乐,乐必崩。旧谷既没,新谷既升,钻燧改火,期可已矣。"子曰:"食夫稻,衣夫锦,于女安乎?"曰:"安。""女安,则为之。夫君子之居丧,食旨不甘,闻乐不乐,居处不安,故不为也。今女安,则为之!"宰我出。子曰:"予之不仁也!子生三年,然后免于父母之怀。夫三年之丧,天下之通丧也。予也有三年之爱于其父母乎?"

17.22 子曰:"饱食终日,无所用心,难矣哉!不有博弈者乎?为之,犹贤乎已。"

17.23 子路曰:"君子尚勇乎!"子曰:"君子义以为上。君子有勇而无义为乱,小人有勇而无义为盗。"

17.24 子贡曰:"君子亦有恶乎!"子曰:"有恶:恶称人之恶者,恶居下流而 上者,恶勇而不礼者,恶果敢而窒者。"曰:"赐也亦有恶乎?""恶徼以为知者,恶不孙以为勇者,恶讦以为直者。"

17.25 子曰:"唯女子与小人为难养也,近之则不孙,远之则怨。"

17.26 子曰:"年四十而见恶焉,其终也已。"

附录 《论语》全文

微子第十八

18.1 微子去之，箕子为之奴，比干谏而死。孔子曰："殷有三仁焉。"

18.2 柳下惠为士师，三黜。人曰："子未可以去乎？"曰："直道而事人，焉往而不三？枉道而事人，何必去父母之邦？"

18.3 齐景公待孔子曰："若季氏，则吾不能；以季、孟之间待之。"曰："吾老矣，不能用也。"孔子行。

18.4 齐人归女乐，季桓子受之，三日不朝，孔子行。

18.5 楚狂接舆歌而过孔子曰："凤兮凤兮！何德之衰？往者不可谏，来者犹可追。已而！已而！今之从政者殆而！"孔子下，欲与之言。趋而辟之，不得与之言。

18.6 长沮、桀溺耦而耕，孔子过之，使子路问津焉。长沮曰："夫执舆者为谁？"子路曰："为孔丘。"曰："是鲁孔丘与？"曰："是也。"曰："是知津矣。"问于桀溺。桀溺曰："子为谁？"曰："为仲由。"曰："是鲁孔丘之徒与？"对曰："然。"曰："滔滔者天下皆是也，而谁以易之？且而与其从辟人之士也，岂若从辟世之士哉？"耰而不辍。子路行以告。夫子怃然曰："鸟兽不可与同群，吾非斯人之徒与而谁与？天下有道，丘不与易也。"

18.7 子路从而后，遇丈人，以杖荷蓧。子路问曰："子见夫子乎？"丈人曰："四体不勤，五谷不分，孰为夫子？"植其杖而芸。子路拱而立。止子路宿，杀鸡为黍而食之，见其二子焉。明日，子路行以告。子曰："隐者也。"使子路反见之。至，则行矣。子路曰："不仕无义。长幼之节，不可废也；君臣之义，如之何其废之？欲洁其身，而乱大伦。君子之仕也，行其义也。道之不行，已知之矣。"

18.8 逸民：伯夷、叔齐、虞仲、夷逸、朱张、柳下惠、少连。子曰："不降其志，不辱其身，伯夷、叔齐与！"谓"柳下惠、少连，降志辱身矣，言中伦，行中虑，其斯而已矣。"谓"虞仲、夷逸，隐居放言，身中清，废中权。我则异于是，无可无不可。"

229

18.9 大师挚适齐,亚饭干适楚,三饭缭适蔡,四饭缺适秦,鼓方叔入于河,播鼗武入于汉,少师阳、击磬襄入于海。

18.10 周公谓鲁公曰:"君子不施其亲,不使大臣怨乎不以。故旧无大故,则不弃也。无求备于一人!"

18.11 周有八士:伯达、伯适、仲突、仲忽、叔夜、叔夏、季随、季騧。

子张第十九

19.1 子张曰:"士见危致命,见得思义,祭思敬,丧思哀,其可已矣。"

19.2 子张曰:"执德不弘,信道不笃,焉能为有?焉能为亡?"

19.3 子夏之门人问交于子张。子张曰:"子夏云何?"对曰:"子夏曰:'可者与之,其不可者拒之。'"子张曰:"异乎吾所闻:君子尊贤而容众,嘉善而矜不能。我之大贤与,于人何所不容?我之不贤与,人将拒我,如之何其拒人也?"

19.4 子夏曰:"虽小道,必有可观者焉;致远恐泥,是以君子不为也。"

19.5 子夏曰:"日知其所亡,月无忘其所能,可谓好学也已矣。"

19.6 子夏曰:"博学而笃志,切问而近思,仁在其中矣。"

19.7 子夏曰:"百工居肆以成其事,君子学以致其道。"

19.8 子夏曰:"小人之过也必文。"

19.9 子夏曰:"君子有三变:望之俨然,即之也温,听其言也厉。"

19.10 子夏曰:"君子信而后劳其民,未信则以为厉己也。信而后谏,未信则以为谤己也。"

19.11 子夏曰:"大德不逾闲,小德出入可也。"

19.12 子游曰:"子夏之门人小子,当洒扫应对进退,则可矣,抑末也。本之则无,如之何?"子夏闻之,曰:"噫!言游过矣!君子之道,孰先传焉,孰后倦焉?譬诸草木,区以别矣。君子之道,焉可诬也?有始有卒者,其惟圣人乎!"

19.13 子夏曰:"仕而优则学,学而优则仕。"

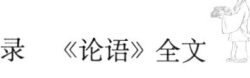

19.14 子游曰:"丧致乎哀而止。"

19.15 子游曰:"吾友张也为难能也,然而未仁。"

19.16 曾子曰:"堂堂乎张也,难与并为仁矣。"

19.17 曾子曰:"吾闻诸夫子:人未有自致者也,必也亲丧乎!"

19.18 曾子曰:"吾闻诸夫子:孟庄子之孝也,其他可能也;其不改父之臣与父之政,是难能也。"

19.19 孟氏使阳肤为士师,问于曾子。曾子曰:"上失其道,民散久矣。如得其情,则哀矜而勿喜!"

19.20 子贡曰:"纣之不善,不如是之甚也。是以君子恶居下流,天下之恶皆归焉。"

19.21 子贡曰:"君子之过也,如日月之食焉;过也,人皆见之;更也,人皆仰之。"

19.22 卫公孙朝问于子贡曰:"仲尼焉学?"子贡曰:"文、武之道,未坠于地,在人。贤者识其大者,不贤者识其小者。莫不有文武之道焉。夫子焉不学?而亦何常师之有?"

19.23 叔孙武叔语大夫于朝,曰:"子贡贤于仲尼。"子服景伯以告子贡。子贡曰:"譬之宫墙,赐之墙也及肩,窥见室家之好。夫子之墙数仞,不得其门而入,不见宗庙之美,百官之富。得其门者或寡矣。夫子之云,不亦宜乎!"

19.24 叔孙武叔毁仲尼。子贡曰:"无以为也!仲尼不可毁也。他人之贤者,丘陵也,犹可逾也;仲尼,日月也,无得而逾焉。人虽欲自绝,其何伤于日月乎?多见其不知量也。"

19.25 陈子禽谓子贡曰:"子为恭也,仲尼岂贤于子乎?"子贡曰:"君子一言以为知,一言以为不知,言不可不慎也。夫子之不可及也,犹天之不可阶而升也。夫子之得邦家者,所谓立之斯立,道之斯行,绥之斯来,动之斯和。其生也荣,其死也哀。如之何其可及也?"

尧曰第二十

20.1 尧曰:"咨!尔舜。天之历数在尔躬,允执其中。四海困穷,天禄永终。"舜亦以命禹。曰:"予小子履,敢用玄牡,敢昭告于皇皇后帝:有罪不敢赦。帝臣不蔽,简在帝心。朕躬有罪,无以万方;万方有罪,罪在朕躬。"周有大赉,善人是富。"虽有周亲,不如仁人。百姓有过,在予一人。"谨权量,审法度,修废官,四方之政行焉。兴灭国,继绝世,举逸民,天下之民归心焉。所重:民、食、丧、祭。宽则得众,信则民任焉,敏则有功,公则说。

20.2 子张问于孔子曰:"何如斯可以从政矣?"子曰:"尊五美,屏四恶,斯可以从政矣。"子张曰:"何谓五美?"子曰:"君子惠而不费,劳而不怨,欲而不贪,泰而不骄,威而不猛。"子张曰:"何谓惠而不费?"子曰:"因民之所利而利之,斯不亦惠而不费乎?择可劳而劳之,又谁怨?欲仁而得仁,又焉贪?君子无众寡,无小大,无敢慢,斯不亦泰而不骄乎?君子正其衣冠,尊其瞻视,俨然人望而畏之,斯不亦威而不猛乎?"子张曰:"何谓四恶?"子曰:"不教而杀谓之虐;不戒视成谓之暴;慢令致期谓之贼;犹之与人也,出纳之吝谓之有司。"

20.3 孔子曰:"不知命,无以为君子也;不知礼,无以立也;不知言,无以知人也"。

后 记

想写这本书已经多年了。最初我想写《孔子是个歌手》，后来觉得孔子唱歌的资料太少，而且这个书名有过于雷人之嫌，就借鉴《我不原谅》中的"孔老师"的说法，改为了现在的书名。实际上，这也是对《我不原谅》这本书的一个呼应，完成一个做父亲的心愿。

一直想写，一直没有写。一方面因为工作忙，想写的东西太多，另一方面因为近几年视力出现问题，而且经常头痛。这种情况下，只能借助别人的力量。另外，这样的书需要年轻作者加入，否则在感觉和表述上无法和青年读者相通，不会有多大市场。在这种情况下，想到了不得不"剥削"一下我带的博士生陈有勇。

陈有勇的特长是对传统文化非常感兴趣而且比较熟悉，他一听到书名就兴奋不已。我谈了基本想法和框架要求之后，有勇马上行动，迅速撰写了书稿。书稿在2014年上半年就写出来了，只是由于我抽不出时间，才拖到2015年修改完。其实，我只是出了题目、基本观点，谈了对于一些问题和案例的看法，然后进行了较细致的修改，撰写了序言和后记。整个都是有勇操刀完成的。当然，对于书稿我做了认真的修改，前后改了三次。

有勇以极大的热情、辛苦的研究、深入的思考、投入的撰写，比较好地体现了我的想法。创作过程也是我们向孔子学习，一个师生平

 孔子是个好老师

等研讨的过程。

中国文化自近代以来已经被破坏得不成样子,特别是各种载体(寺庙、古村落、学校、碑林、祠堂、雕刻甚至坟墓等等都是传统文化的载体)的毁坏。加之大多学人对传统的不了解而且蔑视,令许多有识之士常常扼腕叹息。但我还是从学生那里看到了某些希望,我的几个博士生都酷爱中国文化,包括儒释道医等经典和书法。我希望他们能真正不误解而且理解传统文化,为其复兴做出贡献。

书稿写出后,邀请了著名美术设计家李法明做了漫画插图,他的插图为这本书增添了色彩。同时感谢知名出版人、编译出版社的邓永标先生,他的看好和支持使得此书出版成为了现实。

对于传统文化的研究,我和陈有勇做得还远远不够,对于孔子资料的收集和解读,也还有很多不到位的地方,希望读者给予批评指正。我们的联系方式:zhongguoxing@126.com,或在"钟国兴"公众号上留言。

钟国兴

2016 年 3 月

超悦读：一切为了您的阅读价值

中央编译出版社部分新书推荐

《国家命运：反腐攻坚战》 邱学强、徐伟新、俞可平、袁曙宏等 26 名顶尖专家学者　合著

《国家命运：中国未来经济转型与改革发展》 吴敬琏、厉以宁、林毅夫、高尚全等 32 位著名经济界顶尖学者　合著

《毛泽东书法字典》（精装）　叶兆银　编

《朴槿惠新传》 张俊杰　著

《默克尔新传》 王拥军　著

《国富新论》 翟玉忠　著

《中国超级经济》 [加]殷敬棠　著

《超脱考试做领袖》 陈济安　著

《创新中国教育》 [加]江学勤　著

《请愤怒吧》 [法]Stéphane Hessel（黑塞尔）　著　河清　译

《微信群》 老壹　著

《谁在导演世界》 边芹　著

《烈焰与红莲：鄢烈山随笔精选》 鄢烈山　著

《追寻巨人》 [美]Jack Sun（予森）　著

《梦控师》 追梦蚂蚁　著

《名人与书店》 汪应泽　著

《中国环境地理学》（上下册）　练力华　著

《天真》 王爱品　著

《家风》 吴光磊　著

《特立独行》 如风　著

《生存》 邵传贤　著

《曹操：奋斗之道》 唐文立　著

超悦读微信群，群主审核身份后拉你入群

（以上有四本书入选中央编译出版社 2015 年度十大畅销书）